GISELA SCHINZEL-PENTH

Sagen und Legenden um das Fünfseenland

Sagen und Legenden um das Fünfseenland

gesammelt und neu erzählt von Gisela Schinzel-Penth
20 Federzeichnungen von Christine Gassner
2. erweiterte Auflage

AMBRO LACUS · BUCH- UND BILDVERLAG
D-8138 ANDECHS-FRIEDING

CIP-Kurztitelaufnahme der Deutschen Bibliothek

Sagen und Legenden um das Fünfseenland:
Starnberger See, Ammersee, Wörthsee, Pilsensee, Weßlinger See
Gisela Schinzel-Penth. Hrsg. von Walter Kremnitz.
Frieding: Ambro Lacus, Buch- und Bildverlag, 1977
ISBN 3-921445-14-0
NE: Schinzel, Gisela (Bearb.); Kremnitz, Walter A. (Hrsg.)

Gesamtherstellung: EOS Druckerei, D-8917 St. Ottilien.
Titelzeichnung von Heinz Schinzel.

Inhaltsverzeichnis

Das Liebespaar im Starnberger See

Es ist schon sehr lange her, da begegnete die schöne Tochter des Schloßherren zu Berg, bei einer Vergnügungsfahrt auf dem See, einem einfachen, jungen Fischer aus Starnberg. Dieser war von Gestalt und Aussehen außergewöhnlich anziehend und hatte obendrein ein solch sonniges Gemüt, daß sich das edle Fräulein sofort in ihn verliebte. Aber auch der junge Mann verlor sein Herz an das liebliche Mädchen.

Nun war es jedoch zur damaligen Zeit undenkbar, daß eine Dame von Stand einem einfachen Fischer die Hand reichte. So war das Liebespaar gezwungen, sich heimlich zu treffen. Der junge Mann verbarg nahe beim Schloß ein kleines Boot im Gebüsch. Damit fuhr das Mädchen jede Nacht, wenn alle im Haus zur Ruhe gegangen waren, zu einer bestimmten Stelle im See, um dort ihren Liebsten zu treffen.

»Was sollen wir nur tun, damit mein Vater uns heiraten läßt«, fragte es ihn eines Abends ganz verzweifelt, als es meinte, dieses Versteckspiel nicht länger ertragen zu können. »Ach wäre ich doch die Tochter eines Fischers, dann stünde unserer Liebe nichts im Wege.«

Der arme Bursche, der genauso dachte, schwieg erst unglücklich. Als er aber sah, wie sehr sich das Mädchen grämte, legte er seinen Arm um sie und sagte tröstend:

»Es wird schon einen Weg geben, der es uns ermöglicht, für immer beisammen zu bleiben.«

So verlebten die beiden Liebenden eine traurige, aber auch eine schöne Zeit, denn wenigstens des Nachts konnten sie beieinander sein, wenn sie sich auch tagsüber verleugnen mußten. Je länger sie sich aber kannten, desto lieber gewann einer den anderen. Viele Wochen gingen vorüber, der Sommer neigte sich schon seinem Ende zu und noch immer wußten sie nicht, was sie tun sollten, um heiraten zu können.

Inzwischen aber war dem Schloßherren das veränderte Wesen seiner Tochter aufgefallen. Träumerisch verbrachte sie die Tage in ihrem Zimmer, anstatt wie sonst mit ihren Freundinnen allerhand zu unternehmen. Voller Sorge ließ er sie zu sich rufen, um die Ursache zu ergründen. Das Mädchen wußte nicht, was es dem Vater sagen sollte, denn die Wahrheit wagte es nicht zu gestehen. So errötete sie nur und schwieg. Da drang der Graf nicht weiter in sie, ließ sie aber, mißtrauisch geworden, heimlich von einem treuen Diener beobachten. Schon am anderen Morgen kam dieser zu ihm und berichtete:

»Herr, das edle Fräulein rudert des Nachts auf den See hinaus und trifft sich dort mit einem jungen Mann.«

Der Schloßherr wollte dies von seiner Tochter nicht glauben, doch als er sich am nächsten Abend selbst von der Wahrheit dieser Behauptung überzeugt hatte, geriet er in schrecklichen Zorn. Er stellte das arme Mädchen zur Rede und verbot ihm — nachdem es alles zugegeben hatte — den Fischer jemals wiederzusehen. Dann wurde es in sein Zimmer eingesperrt und durfte es von da an nur unter der Bewachung von zwei Dienern verlassen. Für die Nächte ergriff der Vater besondere Sicherheitsmaßnahmen: es standen immer zwei Wachen vor der Türe und zwei unter dem Fenster des Edelfräuleins.

Nun war es ihr nicht mehr möglich, den Liebsten zu treffen und sie weinte sich vor Kummer schier die Augen aus dem Kopf. Sie bot ihren Bewachern unter Tränen ihren ganzen Schmuck, wenn sie ihr nur gestatten wollten, an den Fischer eine Nachricht zu senden. Diese aber wagten nicht, ihr zu helfen, denn sie fürchteten den Zorn des Grafen.

Der junge Mann wußte nicht, warum das Mädchen auf einmal nicht mehr kam, und er war in großer Unruhe, wenn er auch schon vermutete, daß ihr Vater sie hinderte. In der Hoffnung, daß es ihr vielleicht doch einmal gelingen könnte, der strengen Obhut zu entrinnen, fand er sich jede Nacht an der Stelle ein, an der sie sich immer getroffen hatten. Dort wartete er dann voller Sehnsucht Stunde um Stunde, und erst wenn der Morgen anbrach, ruderte er voller Verzweiflung wieder heimwärts.

So ging es vierzig Nächte hindurch. Am Abend des einundvierzigsten Tages aber brach eines jener schrecklichen Unwet-

ter los, für die der Starnberger See berüchtigt ist. Den entfesselten Elementen trotzend ruderte der treue Fischer wieder hinaus um auf seine Liebste zu warten. Wild peitschte der Sturm das Wasser auf, und plötzlich erfaßte eine riesige Welle das Boot des jungen Mannes. Dieser wurde herausgeschleudert und fand den Tod in den wild gewordenen Fluten.

Zur selben Zeit schlug ein Blitz in Schloß Berg ein und setzte es in Brand. Voller Angst rannten alle Diener, auch diejenigen, die das Zimmer des edlen Fräuleins bewachten, das Feuer zu löschen und seine weitere Ausbreitung zu verhindern.

Diese Lage nutzte das Mädchen zur Flucht. So rasch sie konnte, lief sie zu ihrem Boot, ohne darauf zu achten, daß der Regen sie bis auf die Haut durchnäßte und der Sturm wild an ihren Kleidern riß. Sie sprang hinein und ruderte mit aller Kraft zum Kahn ihres Liebsten, den sie an der gewohnten Stelle im Wasser treiben sah.

Doch als sie näher kam, sah sie, daß er kieloben schwamm und begriff mit Entsetzen, was sich zugetragen hatte. Da war ihr, als griffe eine eisige Hand nach ihrem Herzen und drücke es langsam zusammen. Sie meinte, vor Leid sterben zu müssen. Mit einem wehen Aufschrei stürzte sie sich in die Fluten, um dem Mann, den sie liebte, wenigstens im Tode nahe zu sein, wenn sie es schon im Leben nicht durfte.

Niemals wurden die Leichen der beiden jungen Menschen gefunden, so sehr der Vater des Mädchens auch nach ihnen suchen ließ. Der unergründliche See gab seine Opfer nicht mehr frei. Die Leute aber erzählen noch heute, daß das Liebespaar jetzt glücklich vereint und Hand in Hand auf dem Grunde des Sees steht. Und immer, wenn wieder jemand im See ertrinkt, so sagen sie:

»Der ist den beiden auf die Hochzeit gegangen.«

Das Seeungeheuer

In ganz alten Zeiten nannten die Menschen den See, an dem heute Starnberg liegt, nur den »Würmsee«. Über die Entstehung und die Bedeutung dieses Namens erzählen sich die Einheimischen folgende, schaurige Geschichte:

Auf dem Grund des Sees wohnt ein unsagbar häßliches riesiges Ungeheuer. Es hat einen Schlangenleib, der sich in unzähligen Schlingen über den ganzen Seeboden windet. Das Haupt des Scheusals aber liegt tief unter dem Körper verborgen und kein Mensch kann sich rühmen, es je erblickt zu haben.

Seit Erschaffung der Welt schläft dieser grauenvolle und unheimliche Wurm auf dem Grunde des Sees. An dem unheilvollen Tage aber, an dem er erwacht, seinen Kopf aus der Tiefe über den Wasserspiegel reckt und aus dem See herauskriecht, wird alles Land überflutet, und alles Leben vernichtet werden.

An diesem Tage, so berichtet die Sage, geht die Welt unter.

Das Ochsenwunder von Aufkirchen

Inmitten der lieblichen Hügellandschaft um den Würmsee liegt das Dorf Aufkirchen. Schon im 10. Jahrhundert, als es noch »Ufkiricha« hieß, stand dort eine Kapelle zu Ehren der Muttergottes. Ende des 15. Jahrhunderts errichteten die Herzöge Albrecht IV. und Sigismund von Bayern die heutige Kirche. Im Jahre 1625 brach ein fürchterlicher Brand aus, bei dem das ganze Gebäude den Flammen zum Opfer fiel. Nur das kleine Gnadenbild darin blieb völlig unversehrt. Alle waren darüber höchst erstaunt. Doch schon bei der Gründung dieses Gotteshauses soll sich ein Wunder ereignet haben.

Die Legende berichtet darüber:

Pfarrherr und Gemeinde konnten sich beim Neubau ihrer Kirche lange Zeit nicht über den Ort einigen, an dem sie errichtet werden sollte. Da hatte der Priester den Einfall, die Wahl des Standplatzes einer höheren Macht zu überlassen. Er befahl, einen Ochsenkarren zu bringen und den Grundstein darauf zu befestigen. Dort, wo das Gespann aus eigenem Willen anhalten würde, sollte das neue Gotteshaus erbaut werden. Damit waren alle einverstanden.

Weil der Pfarrherr aber die Stelle, wo die alte Marienkapelle stand, für ungeeignet hielt, ließ er sie vorher mit einem Zaun aus Dornengestrüpp und Daxen umgeben. Als nun dieser fertig war, trieb ein Knecht die Ochsen an und überließ sie, als sie munter trabten, sich selbst.

Doch es kam anders, als es die Leute sich vorgestellt hatten. Zur größten Verwunderung der Anwesenden machten die Ochsen kehrt und zogen ihre Last durch alle Hindernisse hindurch zur alten Kapelle zurück. Dort blieben sie, ganz zerschunden von den Ästen und Dornen, unbeweglich stehen.

Diesem Fingerzeig von oben beugten sich die streitenden Parteien. Ehrfürchtig luden sie den Stein ab und verwendeten ihn für die neue Kirche. Noch heute soll der Abdruck einer Ochsenklaue darauf zu sehen sein.

Der blinde Geiger mit dem goldenen Schuh

In Kempfenhausen am Starnberger See steht eine kleine Kapelle, in der ein Bild der hl. Wilgefortis, in unseren Landen hl. Kümmernis genannt, hängt. Sie war die Tochter eines heidnischen Königs in Portugal und bekannte sich, trotz allen Widerständen ihrer Angehörigen, zum christlichen Glauben. Da beschloß ihr Vater, sie mit einem ungläubigen König zu verheiraten, der sie vom Christentum abbringen sollte.

Als die Jungfrau, die über die Maßen schön war, dies erfuhr, betete sie in ihrer Not zu Gott. Sie flehte ihn an, er möge ihr Gesicht so verunstalten, daß der Freier keinen Gefallen an ihr fände und sie nicht mehr zur Frau begehre. Und ihr Wunsch wurde erhört, denn als der Tag gekommen war, an dem sie ihrem Bewerber begegnen sollte, da war ihr über Nacht ein Bart gewachsen.

Der König geriet darüber in maßlose Wut. Ohne auf die Bitten seiner Gattin und der Freunde seiner Tochter zu hören, ließ er sie, weil sie sich so unbeirrbar für Christus entschieden hatte, ebenso wie ihren angebeteten Gott, ans Kreuz schlagen.

Nach ihrem Opfertod aber wurde die Prinzessin in allen Landen wegen ihrer Standhaftigkeit im Glauben hochverehrt. Auf zahllosen Bildern und Schnitzwerken erinnerten die Künstler an dieses Geschehen. Und weil die Heilige königlicher Abstammung war, wurde sie immer, zwar am Kreuze hängend, jedoch mit einer Krone auf dem Haupt, in kostbare Gewänder gehüllt und mit goldenen Schuhen an den Füßen, dargestellt.

Einst spielte ein blinder Geiger, der sich auf Wanderschaft befand, zu Ehren der tapferen Jungfrau, vor ihrem Bild. Als er seine Weise beendet hatte, warf ihm diese zum Dank einen ihrer Goldschuhe herab. Betroffen tastete der arme Musikant, der das Geschenk ja nicht sehen konnte, nach dem Gegenstand, der da vor seine Füße gefallen war, und hob ihn auf. Dabei berührte er zufällig seine Augen mit dem Schuh. Und siehe da, das Dunkel, von dem sie umhüllt gewesen waren, lichtete sich, und er konnte von Stund an wieder sehen wie ein Gesunder.

Fassungslos stammelte er :

»Ich kann sehen, oh Gott, ich kann sehen!«

Er lachte und weinte zugleich und drückte den Schuh fest an seine Brust, weil er glaubte, sein Herz müsse ihm zerspringen vor Glück. Und als er die übergroße Freude nicht mehr länger alleine ertragen konnte, barg er das kostbare Geschenk unter seinem zerschlissenen Gewand und rannte in eine kleine Stadt, die sich in der Nähe befand.

Dort schritt er durch die Straßen und spielte dabei auf seiner Geige. Und in seiner überglücklichen Gemütsverfassung musizierte er schöner als je zuvor. Alle, die ihn hörten, blieben wie verzaubert stehen und starrten ihm nach.

Als er am Rathaus der Stadt vorüberkam, sah er, daß darin ein Fest gefeiert wurde.

»Ich will ihnen zum Tanz aufspielen«, dachte er, weil er alle an seinem grenzenlosen Glück teilhaben lassen wollte, »ich will ihnen Musik machen, daß sie alle ihre Sorgen vergessen!«

Aber sein guter Wille wurde ihm schlecht gelohnt.

»Was will denn der Bettler hier«? rief einer der Gäste ungehalten, als er den Musikanten in seinem armseligen Gewand hereintreten sah, »werft ihn hinaus!«

Sofort stürzten sich zwei kräftige Diener auf den ungebetenen Eindringling und schleppten ihn aus dem Saal. Dabei fiel ihm der goldene Schuh der Kümmernis zu Boden. Rasch versuchte der Geiger, sich zu bücken, um sein kostbares Gut wieder an sich zu nehmen.

Aber es war zu spät. Einer der beiden Lakaien war schneller gewesen.

»Ja, was hast du denn da, du Galgenvogel«? schrie er, »wie kommt so ein Habenichts wie du zu einem goldenen Schuh?«

»Er gehört mir«, beteuerte der Geiger, »gebt mir meinen Schuh wieder, bitte, gebt mir meinen Schuh wieder!«

»Gestohlen hast du ihn«, donnerte ihn da der Diener an und verstärkte den Griff, mit dem er ihn festhielt, »komm, wir bringen dich zu unserm Herrn zurück!«

Trotz seiner verzweifelten Bitten schleppten sie ihn wieder in den Saal und berichteten dort den Vorfall.

»Aber das ist doch der Schuh der hl. Kümmernis«! schrieen einige Leute empört, als der Diener das umstrittene Beweisstück in die Höhe hielt. »Was für ein Lump ist das, der sich nicht einmal schämt, eine Heilige zu bestehlen!«

»Nein, nein, ich habe ihn nicht genommen«, beteuerte der arme Geiger, »sie hat ihn mir geschenkt, als ich ihr zu Ehren ein Lied spielte!«

»Geschenkt soll sie ihn dir haben«, höhnten die anderen, »hat man jemals schon so eine freche Lüge gehört? Als ob Heiligenbilder Geschenke machen könnten! Fort mit ihm!«

Und sie packten ihn und zerrten ihn vor den Richter der Stadt. Obwohl der Geiger unter Tränen immer und immer wieder seine Unschuld beteuerte, glaubte ihm dieser ebensowenig wie alle anderen und verurteilte ihn wegen Kirchenraubes nach dem damaligen Gesetz zum Tode.

Der Unglückliche wurde gebunden und zum Galgen geführt. Die Richtstätte aber lag ganz in der Nähe der Kirche mit dem Bild der hl. Kümmernis. Als man nun den Delinquenten fragte, was sein letzter Wunsch auf dieser Erde sei, bat er:

»Laßt mich noch einmal vor der Heiligen spielen.«

Obwohl sie dieses Ansinnen als Frevel empfanden, konnten sie ihm den letzten Wunsch doch nicht abschlagen. Die Henker reichten ihm die Geige und geleiteten ihn vor das Bild. Dort setzte der Todgeweihte den Bogen an und spielte, wie er noch nie im Leben gespielt hatte. All sein Leid, seine Angst und seine Enttäuschung legte er in sein Abschiedslied von dieser Welt.

»Hier habe ich mein größtes Glück erfahren«, dachte er, »hier erfahre ich auch meinen tiefsten Schmerz.«

Da ging plötzlich ein bestürztes Raunen durch die Reihen der Menge. Vor aller Augen warf die Heilige auch ihren anderen goldenen Schuh zu dem Verurteilten hinab.

»Ein Wunder, ein Wunder«, schrieen alle Leute und konnten es nicht fassen, was sie doch selbst gesehen hatten.

Nun war der Geiger gerechtfertigt und seine Aussage vor Gericht, die ihm keiner geglaubt hatte, erwies sich als wahr. Im Triumph führten ihn die Bürger in ihre Stadt zurück. Diejenigen aber, die ihn vorher geschmäht hatten und seinen Tod gefordert hatten, jubelten ihm nun zu. Ja, die Stadtväter erwogen sogar ihn zum Ehrenbürger zu ernennen.

Er wollte jedoch von all dem nichts wissen. Dankbar für sein gerettetes Leben spendete er die Goldschuhe für die Armen der Stadt und zog dann weiter seines Weges.

Die Rätsel der Roseninsel

Auf der Rosen- oder Wörthinsel im Starnberger See wurden die Überreste einer uralten Kirche entdeckt. Bei weiteren Grabungen kam unter der Stelle, an der sich der Hochaltar befunden haben mußte, mit Kohlen und Gefäßteilchen vermischte, schwarze Erde zum Vorschein. Niemand konnte sich die Bedeutung des eigentümlichen Fundes erklären.

Das Geheimnis um diese Insel ist auch in unserer Zeit noch nicht gelüftet worden und so ist es kein Wunder, daß sich Sagen um sie ranken.

So sollen vor undenklichen Zeiten einmal drei fromme Fräulein dort gelebt haben. Wie es heißt, waren sie verwunschen, sind aber später erlöst worden, wie, das weiß niemand mehr. Sie sollen auch auf der Insel bestattet liegen, doch bis auf den heutigen Tag sind ihre Gräber nicht gefunden worden.

In stürmischen Nächten, wenn sich kein Fischer auf den See hinauswagt, kann man, so berichtet eine andere Sage, einen kohlrabenschwarz gekleideten Mann ohne Kopf auf einem geisterhaften, weißen Roß auf die Roseninsel zujagen sehen. Er reitet in wildem Galopp an ihr vorüber und verschwindet dann in der Finsternis.

Wer er ist, woher er kommt und warum er als Gespenst umgehen muß, — niemand kann es sagen. Es ist in geheimnisvolles Dunkel gehüllt.

Die weinende Madonna von Bernried

In der Pfarrkirche von Bernried am Starnberger See stand einst eine uralte Madonna aus Holz. Aus der ganzen Umgebung kamen die Menschen mit ihren Anliegen und Sorgen zu ihr und fanden Erhörung.

Da brach einmal ein besonders schweres Gewitter über den See herein. Wild wogte das Wasser, und kein Boot konnte sich hinauswagen, so heftig peitschte der Sturm die Wellen. Am nächsten Morgen, als sich die Naturgewalten wieder beruhigt hatten, fanden einige Fischer von Bernried am Strand ein wunderschönes Madonnenbild. Staunend hob es der älteste unter ihnen auf und sprach ehrfürchtig:

»Seht, was uns das Wasser an Land geschwemmt hat. Es ist

ein Geschenk des Himmels! Wir wollen es in unsere Kirche stellen und ehren.«

»Aber wir haben doch schon eine Muttergottesstatue«, gab ein anderer zu bedenken, »was sollen wir mit dieser machen, wir können nicht zwei in der Kirche aufstellen.«

»Du hast recht«, stimmten ihm die anderen bei, »kommt, laßt uns den Herrn Pfarrer fragen.«

Nach langem Hin und Her beschloß dieser, da allen die neue Madonna besser gefiel, sie in die Pfarrkirche zu bringen und das alte Gnadenbild in eine kleine Kapelle zu stellen, die ganz am See stand.

Und so geschah es. In einer feierlichen Prozession geleiteten die Ortseinwohner das schöne, neue Bild in ihre Pfarrkirche, das alte aber wurde in die Seekapelle getragen.

Am nächsten Morgen jedoch, als die Leute zur Frühmesse kamen, trauten sie ihren Augen nicht, als sie die alte Madonna wieder an ihrem angestammten Platz stehen sahen und die neue Madonna in der Seekapelle vorfanden. Sie glaubten an einen dummen Jungenstreich und wollten die beiden Bilder wieder vertauschen.

Wer beschreibt aber ihre Verwunderung und ihren Schrecken, als sie sahen, daß mit einem Mal dicke Tränen über das liebliche Gesicht der Muttergottes liefen, als sie von ihrem Podest gehoben werden sollte. Voll Furcht ließen die Leute von ihrem Vorhaben ab, und sogleich versiegten die Tränen. Die Gottesmutter lächelte wieder so gütig herab wie zuvor.

So hat Bernried also zwei wundertätige Madonnen. Zu beiden wurden von da an viele Bittfahrten abgehalten. Die vom Wasser angeschwemmte Muttergottes aber wurde seither besonders von den Fischern und Seeleuten angerufen und als Schutzpatronin verehrt.

Die wilden Fräulein von Berg

Schloß Berg ist auf einem Hügel, unmittelbar am Ufer des Starnberger Sees, erbaut worden. Das gleichnamige Dorf liegt etwas höher und weiter vom See entfernt. Auf einem Abhang zwischen Ort und Schloß befinden sich Felswände aus Nageltuff, die von Bäumen und dichtem Gestrüpp fast verdeckt werden. Dort führt eine Höhle in den Berg hinein, die bei den Einheimischen »das Schmalzaloch« heißt. In der Nähe befand sich früher ein kleiner Weiher, der von einer jetzt versiegten Quelle gespeist wurde.

Die alten Fischer dieser Gegend erzählen geheimnisvoll, daß dieses Loch in einen unterirdischen Gang mündet, der tief in das Innere des Hügels hineinführt. Dort sollen, der Sage nach, die wilden Fräulein gehaust haben. Das waren kleine, gutmütige Weiblein, die den Menschen wohlgesinnt waren und ihnen halfen, wo sie konnten. Jeden Abend kamen sie aus ihrer Höhle heraus und begaben sich zu dem genannten Weiher.

Die Einheimischen wußten darum und stellten den freundlichen Wesen immer Brot, Schmalz und Mehl an diese Stelle. Dankbar nahmen die wilden Fräulein die Geschenke an und wuschen den Leuten dafür über Nacht die schmutzige Wäsche, die jene an den Weiher legten. Lange Zeit ging das gut so.

Einmal aber ließ ein Bauer, der Mitleid mit den barfüßigen Weiblein hatte, von einem Schuster Schuhe anfertigen und legte sie zu der Wäsche neben den Weiher. Das muß die unberechenbaren Wesen verstimmt haben, denn seither haben sie sich nie mehr blicken lassen.

Der schwarze Hund von Percha

Auf der alten Würmbrücke von Percha, so erzählte mir ein greiser Bürger des Ortes, soll es noch vor einigen Jahrzehnten gespukt haben. Wie ihm sein Vater glaubhaft versichert habe, sei jeweils um Mitternacht ein übergroßer, kohlschwarzer Pudel mit feurigen Augen dort erschienen. Und er habe eine lange Kette rasselnd hinter sich hergeschleift.

Dieser Geisterhund soll sich nun jeweils mitten auf die Brücke gestellt haben und jedem, der noch hinüberwollte, dies mit drohendem Geknurr verwehrt haben.

Niemand konnte daher, wenn die Glocken die zwölfte Stunde verkündet hatten, über den Fluß. Das war vor allem für die späten Zecher in den Wirtshäusern hinderlich. Sofern sie auf der anderen Würmseite wohnten, mußten sie sich beeilen, noch rechtzeitig vor Mitternacht über die Brücke zu gelangen. Sonst konnte es ihnen geschehen, daß sie in der Herberge übernachten mußten oder einen sehr weiten Umweg in Kauf zu nehmen hatten.

Seit längerer Zeit ist der Geisterpudel nun nicht mehr gesehen worden. Vielleicht, weil mehrere Brücken über die Würm gebaut wurden und er doch nicht alle bewachen konnte.

Der Ritter im Starnberger See

Einst lagen in Bayern zwei junge Ritter namens Parcival von Puchberg und Hartlieb von Sigenheim in erbitterter Fehde wegen eines Landstreifens. Der Streit zwischen den ehemaligen Freunden war von Ritter Wolf Esper von Stain angestiftet worden. Er hoffte nämlich insgeheim, daß die beiden sich gegenseitig totschlagen würden, und dann das umkämpfte Land in seinen Besitz überginge.

Doch eines Tages geschah etwas, das seine finsteren Pläne durchkreuzte. Zufällig begegneten sich die beiden Streithähne einmal im Wald. Jeder war in Begleitung seiner Schwester. Und siehe da, von der Schönheit und Anmut der jungen Edeldamen bezwungen, versöhnten sich die feindlichen Freunde wieder und beschlossen, jeder des anderen Schwester als Gattin heimzuführen.

Bald war im ganzen Land bekannt, daß Ritter Parcival von Puchberg die wunderschöne Margaret von Sigenheim auf einem seiner Schlösser in den bayerischen Bergen zu ehelichen gedachte. Seine Schwester sollte dort zur gleichen Zeit mit Hartlieb von Sigenheim vermählt werden.

Als Wolf Esper von Stain das erfuhr, geriet er in fürchterliche Wut. Durch die Versöhnung der beiden Ritter waren nicht nur seine Pläne mit dem umstrittenen Land zunichte gemacht worden, sondern auch seine eigenen Heiratsabsichten vereitelt. Er hatte nämlich einst die liebliche Margaret gesehen und beschlossen, sie zu seinem Weibe zu machen. Daß er nun auf diesem Gebiet gegen den Puchberger verlieren sollte, konnte er nicht verwinden und er gedachte deshalb, die Braut zu entführen.

Mit vierzig seiner wildesten Kriegsknechte legte er in der Nähe von Starnberg einen Hinterhalt. Er hatte nämlich in Erfahrung gebracht, daß der Brautzug an dieser Straße, die den See entlangführte, vorüberkommen sollte. Und er sandte einen Späher nach Starnberg, der ihm die Ankunft der Erwarteten unverzüglich melden sollte. Nach langer Zeit, der Raubritter war schon ganz ungeduldig geworden, kehrte der Mann zurück und berichtete:

»Herr, sie sind eben durch Starnberg geritten. Der Puchberger und seine Braut sind den anderen weit voraus und es wird ein leichtes sein, sie zu überrumpeln. Dennoch müssen wir vorsichtig sein und uns beeilen, denn Herzog Christoph jagt mit einigen Freunden in dieser Gegend und es wäre schlimm, wenn er uns überraschte.«

»Der Herzog kümmert mich nicht«, rief da der Ritter unwillig, »wenn er sich ungebeten in unsere Angelegenheit einmischt, so wird er es bereuen. Wir werden auch mit ihm fertig!«

Während er noch sprach, hörte man mit einem Mal Hufgetrappel und Ritter Parcival von Puchberg und seine Braut kamen in Sicht. Sie ritten sehr schnell, denn die Dämmerung brach bereits herein und sie wollten noch vor Dunkelheit in dem Schloß nahe bei Possenhofen sein, um dort zu übernachten.

Da stürzten Wolf Esper von Stain und seine Kumpane aus dem Hinterhalt hervor und überfielen das ahnungslose Paar.

»Kennst du mich«, rief der Raubritter dem völlig überraschten Puchberger zu, »nun werde ich mir dein Land und deine Braut holen!«

Mit diesen Worten drang er wild auf ihn ein und hieb ihn trotz seiner tapferen Gegenwehr vom Pferd. Besinnungslos lag der Puchberger auf der Erde, während seine Begleiter, die inzwischen herangekommen waren, sich verzweifelt mit der Übermacht der Feinde herumschlugen. Doch der Kampf währte nicht lange, denn der Räuber waren zu viele. Bald lagen die Gefährten Ritter Parcivals tot oder schwer verwundet neben ihrem Herrn.

Wolf Esper von Stain aber schleppte mit Triumph die weinende Braut zum bereitliegenden Boot, um sie über den See in sicheren Gewahrsam zu bringen.

Da stürmte mit einem Mal wie ein wilder Wirbelwind Herzog Christoph von Bayern heran. Er hatte das Kampfgetümmel vernommen und kam mit seinen Freunden den Bedrängten zu Hilfe. Wohl warfen sich ihm die Knechte des Ritters von Stain entgegen, aber gegen den tollkühnen Herzog, der nicht umsonst den Beinamen »der Starke« führte, konnten sie nichts ausrichten und flohen in Schrecken, nachdem sein Schwert reichliche Ernte unter ihnen gehalten hatte.

Aufatmend wischten sich der Herzog und seine Begleiter den Schweiß von der Stirne. — Da vernahmen sie plötzlich einen klagenden Ruf vom See her und sahen, wie die geraubte Braut, sich heftig sträubend, gewaltsam in ein Boot gehoben wurde.

Ohne einen Augenblick zu verlieren, rannte der Herzog mit großen Sprüngen zum Ufer hinunter. Doch als er angelangt war, befand sich das Boot schon weit im See und der Raubritter rief höhnisch herüber:

»Rette Margaret doch, wenn du es vermagst!« Und mit kräftigen Ruderschlägen trieben er und sein Knecht das Gefährt in sichere Entfernung.

Doch der mutige Herzog zögerte nicht lange. Mit Riesenschritten eilte er zum Kampfplatz zurück. Dort übergab er den schwer verwundeten Puchberger der Obhut seiner Freunde, die ihn zu einem heilkundigen Priester in das Starnberger Schloß bringen sollten. Er selbst aber schwang sich auf sein Roß und jagte nach Possenhofen. Dort entlieh er sich von einem Fischer ein Boot und verfolgte damit den fliehenden Raubritter. Er ruderte aus Leibeskräften und der Kahn schoß wie ein Pfeil dahin. Als er in die Nähe des Schurken gekommen war, hob er seine Lanze und rief drohend:

»Halt, du ehrloser Halunke! Gib Margaret von Sigenheim heraus oder du bist des Todes!«

»Oder du, großmäuliger Herzog«, rief dieser und lachte böse, »laß die Lanze fallen, sonst werfe ich die Dame den Fischen zum Fraße vor.«

Während er noch redete, schleuderte er seinen Speer. Der aber verfehlte Christoph den Starken und blieb federnd im Holz des Bootes stecken. Zischend fuhr daraufhin die Lanze des Herzogs durch die Luft und durchbohrte den Ruderknecht des Raubritters.

»Gib die Braut des Puchbergers heraus oder du wirst es bereuen«, warnte Herzog Christoph nochmals.

»Nie im Leben«, antwortete Wolf Esper von Stain und wollte die völlig verängstigte Margaret fassen. Doch da traf ihn sein eigener Speer, den der Herzog aus dem Boot gerissen hatte. Schwer verletzt stürzte er zu Boden. Christoph aber ruderte heran, um die Braut des Puchbergers in sein Boot zu geleiten. Da richtete sich der zu Tode getroffene Raubritter noch einmal mit letzter Kraft auf und drang mit dem Schwert auf den Herzog ein. Der jedoch packte ihn und warf ihn über Bord. Mit einem lauten Schrei versank Wolf Esper von Stain samt seiner Rüstung im See.

Christoph der Starke aber führte die befreite Margaret von Sigenheim wieder ihrem Bräutigam zu. Weinend vor Glück dankte sie dem edlen Herzog. Als Ritter Parcival von Puchberg endlich von seinen Wunden genesen war, feierten sie Hochzeit, und der Herzog war Ehrengast.

Im alten Friedhof von Starnberg aber liegen alle die begraben, die in dem Kampf der Ritter ihr Leben lassen mußten, nur

Herr Wolf Esper von Stain und sein Knecht fehlen, denn ihre Leichen wurden niemals gefunden.

Die Fischer vom See wissen jedoch geheimnisvolle Dinge zu berichten. Sie behaupten, daß an manchen Tagen, bei Dämmerung, zwei schimmernde Gestalten über den See schweben und winken. Alle wissen, daß dies der Ritter und sein Knecht sind, die auf dem Grund des Sees keine Ruhe finden. Niemand aber wagt sich in die Nähe der beiden Geister.

Auch soll man des Abends, nahe der Insel im See, in der Tiefe des Wassers ein goldenes Gefunkel erkennen können. Das, so erzählen die Leute, ist die Rüstung des Wolf Esper von Stain.

Die Schloßfräulein vom Karlsberg

In der Ruine des Schlosses auf dem Karlsberg soll sich, so wissen die Alten zu erzählen, ein gewaltig großer Reichtum befinden. Irgendwo im verfallenen Kellergewölbe, niemand kennt den genauen Ort, stehen, wie man sagt, drei alte, eiserne Truhen. Jede von ihnen ist bis zum Rand mit Schätzen angefüllt. In der ersten sind lauter Kupferpfennige, die zweite enthält seltene, wertvolle Perlen und die dritte ist voll mit Edelsteinen von sagenhafter Schönheit.

Schon oft haben Glücksritter versucht, die Truhen zu finden. Sie mußten jedoch immer unverrichteter Dinge wieder abziehen. Entweder hatten sie sich in dem verzweigten Gemäuer hoffnungslos verirrt oder sie wurden so lange von einem bösen Spuk genarrt, bis sie vor Angst das Weite suchten. Dieser Schatz wird, so heißt es, von drei wunderschönen Fräulein bewacht. Sie sind durch einen Zauber dazu verdammt, so lange dort auszuharren, bis es jemandem gelingt, sie zu befreien. Seit Jahrhunderten warten sie nun schon Jahr um Jahr auf ihre Erlösung.

Es war an einem Weihnachtsabend vor mehr als fünfundsiebzig Jahren, da ging ein Knecht, der in der Oberen Mühle bei Leutstetten im Würmtal diente, über den Karlsberg zur Christnachtfeier. Als er in die Nähe des alten Schlosses kam, erblickte er auf einmal drei wunderschöne Fräulein, die helle Lichter in ihren Händen trugen und leise sangen. — Sie waren gar seltsam anzusehen: Zwei von ihnen waren so groß, wie wir Menschen. Sie waren ganz in flatternde, weiße Gewänder gehüllt. Die dritte aber, die in der Mitte ging, war nur vom Kopf bis zum Gürtel weiß. Von da an war sie schwarz wie die Nacht, die sie umgab. Und es schien, als schwebe ihr halber Körper ohne Beine des Weges daher.

Der Mühlknecht war vor Schrecken ganz versteinert und verharrte wie angewurzelt an der Stelle, an der er sich gerade befand. Da näherten sich ihm die drei seltsamen Gestalten und die halb weiße, halb schwarze sprach mit einer feinen, hohen Stimme:

»Wir sind die Fräulein vom Schloß. Ein böser Fluch hält uns dort gefangen und zwingt uns, die Schätze im Keller zu bewachen. Nur einmal im Jahr, in der Heiligen Nacht, dürfen wir es verlassen und um Hilfe bitten. Wenn du uns befreist, dann wollen wir dich so reich machen, wie einen König! Willst du uns retten?«

Der Mühlknecht nichte stumm, denn er wagte nicht, »nein« zu sagen, aus Angst, die Geister könnten ihm etwas antun. Da freuten sich die weißen Fräulein und führten ihn zum alten Schloß. — Sie gingen durch verwilderte Parkanlagen, durch halbverfallene Gewölbe und über unkrautüberwucherte Mauerreste. Endlich blieben sie vor einer rostigen, dicken Bohlentüre stehen, die er noch nie gesehen hatte. Wieder nahm die halb weiße, halbe schwarze Gestalt das Wort und sagte:

»Wenn du uns erlösen willst, mußt du durch diese Pforte treten. Du wirst dann an neun verschlossene, eiserne Türen kommen. Durch sie mußt du hindurchgehen. Hinter jeder einzelnen lauern böse Geister auf dich, die dich abhalten und ängstigen wollen. Doch sei ohne Furcht. Sie können dir nichts anhaben und alles ist nur Blendwerk. Wenn du den Mut nicht verlierst und alle Tore durchschreitest, kommst du in das Gemach, in dem die Truhen stehen. Sobald du ihre drei Deckel geöffnet hast, ist der Zauber gebannt und wir sind befreit. Zum Dank soll dir dann dieser ganze Schatz gehören.«

So sprach das Geisterfräulein und zog sich mit ihren beiden Begleiterinnen etwas zurück, um ihm freie Bahn zu lassen. — Der Mühlknecht legte mutig die Hand an den Griff der Türe und versuchte, sie zu öffnen. Da vernahm er mit einem Mal ein grauenvolles Stöhnen dahinter, so furchterregend, wie es aus keines Menschen Mund kommen konnte. Der Bursche, der sonst recht tapfer war, wurde weiß wie ein Leintuch und es lief ihm der Schreck in eiskalten Schauern über den Rücken. Da verzichtete er lieber auf den versprochenen Schatz, um sich nicht den Gefahren ausliefern zu müssen, die hinter der Türe auf ihn lauerten.

Er wandte sich um und jagte wie von Furien gehetzt den Schloßberg hinunter. Hinter sich vernahm er die wehklagenden Rufe der um ihre Befreiung betrogenen Fräulein. Doch er hielt nicht inne und schaute nicht zurück. Erst als er in der Mühle angelangt war, wo er sich sicher fühlte, schöpfte er Atem.

Niemals aber konnte er vergessen, was er auf dem Karlsberg gehört und gesehen hatte. Noch oft vernahm er die weinenden Stimmen der Verzauberten, wagte sich jedoch nie mehr in die Nähe des Schlosses.

Der Petersbrunnen von Leutstetten

Vom Petersbrunnen in Leutstetten sagt man, daß er eine Heilquelle ganz besonderer Art sei. Sein Wasser sei nicht nur gut bei Hautkrankheiten, Geschwüren, offenen Wunden, Verrenkungen, Gicht oder Rheumatismus. Laut Friedrich Panzer hat es damit auch folgende Bewandtnis:

»Im Umkreis von zwei bis drei Stunden holten einige Leute Wasser vom Petersbrunnen bei Leutstetten in Oberbayern. Sie besprengten damit den Flachs, wenn der Same etwa fingerlang aufgegangen war; das schützte ihn vor Erdflöhen. Andere füllten kleine Fässer mit Peterswasser und benetzten damit den Kohl, wodurch der grüne Wurm abgehalten wurde.«

Der Brunnen in Ried

In Ried bei Petersbrunn in Leutstetten befindet sich ein sehr, sehr tiefer Brunnen. Er ist, laut Sage, so unergründlich, daß man das Aufschlagen eines hineingeworfenen Steines nicht mehr vernehmen kann. An manchen Tagen soll man in der Tiefe einen Hahn krähen hören.

Das Bumperhölzl

Das »Bumperhölzl« ist ein kleines Waldstück im Würmtal und liegt in der Nähe von Gauting. Alte Leute, die als Kinder in den Bauernhöfen der Umgebung wohnten und auf ihrem Schulweg daran vorbeigehen mußten, wissen zu erzählen:

Bei Dämmerung oder gar bei Dunkelheit wollte niemand in die Nähe des unheimlichen »Bumperhölzls« kommen. Alle fürchteten sich, weil dort der Geisterhund hauste. Er hatte riesige Augen, die wie rotglühende Teller aussahen.

Späte Wanderer, die durch seinen Wald gingen, verfolgte er wütend und verjagte sie mit seinem schaurigen Gebell, das man weit durch die Nacht hören konnte.

Die drei Küsse

An einem schönen Sommerabend vor mehr als hundertfünfzig Jahren ging einmal der Knecht eines Bauern von Leutstetten auf den Karlsberg, um dort Nüsse zu pflücken. Die Dunkelheit war schon hereingebrochen und er befand sich ganz alleine im Wald. Aber er fürchtete sich nicht, denn er war ein mutiger, junger Mann.

Die Hälfte des Weges hatte er schon hinter sich, da kam ihm auf einmal eine Gestalt entgegen. Er blieb stehen und sah, daß es ein wunderschönes Mädchen war. Sie hatte ein zartes, liebliches Gesicht mit zwei kohlschwarzen Augen und lange, lockige Haare. Gekleidet war sie in ein eigenartiges, wallendes Gewand aus feuerrotem Stoff.

Der Bursche wunderte sich, daß sie so allein und ohne Schutz durch den dunklen Wald ging und bot ihr freundlich seine Begleitung an. Da lächelte sie geheimnisvoll und erlaubte ihm, ein Stück des Weges mit ihr zu kommen. Freudig wanderte er neben der schönen Fremden her und schaute sie immer wieder verstohlen von der Seite an. Und je öfter er sie ansah, desto besser gefiel sie ihm.

Als sie auf einer kleinen Lichtung angelangt waren, hielt er es nicht mehr länger aus und sagte:

»Du bist so schön, so wunderschön, daß ich dich auf der Stelle küssen möchte!«

Und wieder lächelte das unbekannte Mädchen geheimnisvoll und sprach:

»Wenn es dir gelingt, mir drei Küsse zu geben, dann will ich dich so reich machen, daß du für dein ganzes Leben genug hast.«

Da freute sich der junge Mann, denn es schien ihm ein Leichtes, ein so schönes und freundliches Mädchen zu küssen. — Er nahm sie sogleich in die Arme und gab ihr einen herzhaften Kuß. Dann lachte er glücklich und machte sich daran, die Aufgabe, die sie ihm gestellt hatte, weiter zu erfüllen. Doch gerade, als er den zweiten Kuß auf den lieblichen Mund drückte, verwandelte sich die Unbekannte in eine scheußliche Schlange, die ihm giftig entgegenzüngelte. Mit einem lauten Schreckensschrei ließ er sie fallen. Er hatte sein Entsetzen noch nicht überwunden, da stand mit einem Mal anstatt der Schlange der Leibhaftige selbst vor ihm, grinste höhnisch und verlangte den dritten Kuß.

Den armen Burschen schüttelte das Grauen, und die Haare sträubten sich ihm einzeln auf dem Kopf. Er drehte sich um und stolperte so schnell er konnte durch den Wald davon. Da bekam er von unsichtbarer Hand eine tüchtige Ohrfeige, die ihn beinahe zu Boden warf. Als er aufblickte, sah er plötzlich wieder das wunderschöne Mädchen vor sich stehen. Sie blickte ihn zürnend an und sagte:

»Du bist ein elender Feigling! Und weil du dein Wort nicht gehalten hast und mich nicht dreimal geküßt hast, sollst du auch nichts bekommen.«

Mit diesen Worten verschwand sie, er wußte nicht wohin. Er aber lief aus dem Wald heraus, als wären Furien hinter ihm her und war froh, mit heiler Haut entkommen zu sein. Nie mehr in seinem Leben setzte er bei Dunkelheit einen Fuß auf den Karlsberg.

Die betenden Schwestern

Auf einem Bild an der Südwand der Kirche von Leutstetten sind drei Jungfrauen dargestellt. Jede von ihnen hat eine Krone auf dem Haupt und in der rechten Hand einen Zweig. Die mittlere trägt außerdem ein Buch, die beiden anderen jeweils einen Pfeil. Darüber steht geschrieben: S. Ainpet, S. Gberpet, S. Firpet.

Von diesen drei Jungfrauen berichtet die Sage, daß sie einst aus dem Westen, wo ihnen die Völker keinen Frieden gewährt hatten, ins Würmtal gekommen seien. In der Nähe von Leutstetten bauten sie sich mit Hilfe von Einheimischen eine kleine Klause. Jede hatte darin ein Kämmerchen mit eigenem Eingang, denn jede wirkte für sich.

Die Legende berichtet weiter, daß die drei Fremden sehr mildtätig gewesen seien und dem Volke viele Wohltaten erwiesen hätten. Sie lehrten das Wort Gottes, kümmerten sich um Arme und Kranke, lebten selbst aber nur von Wurzeln und Kräutern und den milden Gaben der Leute.

Eines Tages nun drang schlimme Kunde aus dem Morgenland in das friedliche Würmtal. Wilde Krieger begannen in der

Gegend umherzuschwärmen. Sie beraubten und mißhandelten die Menschen, die das Unglück hatten, ihnen zu begegnen.

Da verließen die drei Jungfrauen ihre Zufluchtsstätte und wanderten wieder fort, denn sie verabscheuten nichts mehr als Unfrieden. Die Leute im Würmtal aber gedachten noch lange ihrer Wohltäterinnen und bauten an Stelle ihrer Klause eine kleine Kapelle.

Bis ins 18. Jahrhundert, so wird erzählt, machten Frauen, die ein Kind erwarteten, Wallfahrten dorthin, legten kleine Wiegen aus Holz, Wachs oder Silber vor den Jungfrauen nieder und baten um Hilfe in ihrer schweren Stunde.

Die Kapelle steht nicht mehr und keine Spur ist mehr von S. Ainpet, S. Gberpet und S. Firpet geblieben, als das alte Bild in der Kirche von Leutstetten.

Herzog Sigismund und der Bär

Der Königswieser Forst im Würmtal war neben dem Forstenrieder Park eines der beliebtesten Jagdreviere der bayerischen Herzöge und Kurfürsten. So eine Jagd war eine ungemein kostspielige Angelegenheit und nur sehr reiche Adelige konnten sich dieses Vergnügen leisten. Man benötigte oft bis zu 1200 Treiber, 270 berittene Jäger, 120 dressierte Hunde und eine Unzahl anderer Hilfsmittel, wie Netz-, Feder- und Schirmwagen, sowie Hirschkästen, Käfige und Bagagewagen.

Es wurde dem Rot- und Schwarzwild, bestimmten Vogelarten und gefährlichen Bären, die in den ausgedehnten Wäldern hausten, mit großer Begeisterung nachgestellt.

Einst hielt Herzog Sigismund, der wie sein Bruder Christoph im Rufe stand, ungeheuer stark zu sein, wieder einmal eine Hofjagd ab. Den ganzen Tag über hetzte die fröhliche Gesellschaft dem edlen Wild nach und hatte schon manch schöne Beute gemacht. Als der Abend hereinbrach, schlug man in der Nähe von Königswiesen das Nachtlager auf.

Am lustig flackernden Feuer wurde ein Teil der erlegten Tiere gleich zubereitet. Die Waidmänner schmausten und tranken, erzählten sich Jagdgeschichten und Abenteuer und verbrachten so einen angenehmen Abend. Zu später Stunde begaben sie sich dann in ihre Zelte, um für den nächsten Tag wieder neue Kampfkraft zu schöpfen. Auch Herzog Sigismund legte sich zur Ruhe nieder.

Er hatte noch kaum ein Auge geschlossen, da brach im Lager mit einem Mal ein ohrenbetäubender Lärm los. Waffen klirrten, aufgeregte Menschen rannten laut schreiend durcheinander und dazwischen konnte man ein dumpf grollendes Gebrumm vernehmen.

Plötzlich riß ein Knappe den Vorhang am Zelt des Herzogs beiseite und rief mit vor Entsetzen ganz heiserer Stimme:

»Herr, kommt schnell, ein riesiger Bär verwüstet das Lager!«

Herzog Sigismund hatte sich noch nicht ganz von seiner Liegestatt aufgerichtet, da erblickte er auch schon den angekündigten Meister Petz, der mit zottigem Haupt neugierig durch den Eingang hereinlugte. Es war wahrhaftig ein Prachtexemplar von einem Braunbären, das sich da unwillig brummend ins Zelt schob.

Sofort sprang Sigismund auf und stellte sich dem Eindringling in den Weg, waffenlos, wie er war. Er packte ihn mit seinen bloßen Händen und rang mit ihm. Der Knappe und die anderen Umstehenden waren vor Schrecken wie erstarrt, als sie das sahen. Sie hörten die beiden Kämpfer keuchen und Knochen knacken und sie wußten nicht, ob es die des Herzogs oder die des Untieres waren. Endlich gab sich der Bär, der den schlauen Finten des Menschen nicht gewachsen war, geschlagen und trollte sich, unmutig brummend, von dannen.

Schwer atmend wischte sich Sigismund den Schweiß von der Stirne und sprach zu den Anwesenden:

»So, der wäre draußen, da könnte ja jeder kommen!«

Er scheuchte seine jubelnden Leute hinaus und begab sich zur Ruhe, als wäre nichts geschehen.

Der treulose Hofmeister

König Pippin, der Jüngere, der Vater Karls des Großen, residierte einst auf einem seiner Schlösser, das in der Nähe von Freising auf dem Weihenstephaner Berg lag. Da kamen Gesandte aus Frankreich zu ihm, die von Graf Leon von Kärlingen — der heutigen Bretagne — geschickt waren und ihm dessen Tochter Berta als Gemahlin anbieten sollten.

Pippin war nicht abgeneigt, sich mit diesem mächtigen Fürstenhaus zu verbinden, insbesondere als er ein Bild der Prinzessin sah. Sie war darauf mit ihrem lieblichen Gesicht und der zarten, anmutigen Gestalt so reizend dargestellt, daß er sie gleich in sein Herz schloß. Voll Freude zeigte er seinem Hofmeister das Gemälde und befahl ihm, sich sofort auf den Weg zu machen, die schöne Braut abzuholen und zu seiner Residenz zu geleiten, wo die Hochzeit stattfinden sollte.

Dieser Mann, der Vertraute des Herrschers, aber war ein treuloser Schurke. Als er nämlich das Bild Bertas sah, erkannte er die große Ähnlichkeit, die sie mit seiner eigenen Tochter hatte. Da erwachte ein schlimmer Gedanke in seiner Brust. Er beschloß, sich der fremden Prinzessin zu entledigen und statt ihrer sein Kind mit dem König zu vermählen.

Mit diesem finsteren Plan im Herzen reiste er ins Kärlingerland und nahm dort die Braut in Empfang. Sie war noch sehr jung, doch schön wie der lichte Tag. Ihr gütiges Wesen und ihre Tugend wurden im ganzen Reich gepriesen.

Der Hofmeister überreichte ihr feierlich einen herrlichen Diamantenring, den ihr der König als Zeichen ihrer Verlobung schenkte. Dann verabschiedete sich das Mädchen weinend von ihren Eltern und folgte dem Gesandten ihres Bräutigams in die unbekannte Zukunft. Außer ihrer Mitgift nahm sie nur ihr Lieblingshündchen und ihre Handarbeitsachen mit. Sie war nämlich sehr geschickt in feinen Nadelarbeiten und fertigte in ihren Mußestunden gern schöne Dinge an.

In einem prachtvollen Zug wurde nun die Prinzessin in das Land Pippins geleitet. Als sie nur noch etwa eine Tagesreise von dessen Schloß entfernt war, hielt der Hofmeister die Zeit für gekommen, seinen verwerflichen Plan in die Tat umzusetzen. Er ließ deshalb das Lager für die Nacht imitten einer wilden, dicht bewachsenen Gegend zwischen Amper und Würm aufschlagen. Darauf wartete er, bis sich alle zur Ruhe gelegt hatten, und rief dann heimlich zwei Knechte zu sich, die ihm blind ergeben waren. Er befahl ihnen, die Braut des Königs unbemerkt in den Wald zu entführen und sie dort zu töten.

Sogleich machten sich die beiden an die Ausführung des finsteren Werkes. Sie schlichen sich in das Zelt der Prinzessin, von dem der Hofmeister vorsorglich die Wachen entfernt hatte, bemächtigten sich des ahnungslosen Mädchens und schleppten es in ein dichtes Gebüsch, weit vom Lager entfernt. Dort zog einer der Knechte seinen Hirschfänger und wollte ihn der Unglücklichen ins Herz stoßen. Sie aber warf sich auf die Knie und rief flehentlich:

»Was habe ich Euch getan, Ihr Herren, daß Ihr mir ans Leben wollt? Ich bitte Euch um aller Heiligen willen, laßt mich frei! Stoßt mich nicht in die Nacht des Todes. Ich fürchte mich so sehr davor!«

Und sie weinte, daß ihr die Tränen in hellen Bächen über die Wangen rannen.

Da wurden die rauhen Knechte von ihrer Jugend und ihrer Schönheit so gerührt, daß sie sich ihrer erbarmten und es nicht über sich brachten, sie zu töten. Und einer von beiden sprach:

»Wir wollen Euch verschonen, doch müßt Ihr uns bei Gott und Eurer Ehre schwören, daß Ihr nie, hört Ihr, niemals versuchen werdet, in Eure Heimat zu gelangen. Auch darf kein Wort je über Eure Lippen kommen über das, was hier geschehen ist, noch welchen Standes und welcher Abkunft Ihr seid. Nur unter diesen Bedingungen können wir Euch das Leben schenken.«

In ihrer Herzensangst versprach Berta alles, was sie verlangten. Da töteten die Knechte an ihrer Stelle das kleine Hündchen, das als einziges den Raub bemerkt hatte und seiner Herrin nachgelaufen war. Sie tauchten eines ihrer Kleidungsstücke

in sein Blut und brachten es, ebenso wie die Zunge des Hündchens, dem Hofmeister als Beweisstücke dafür, daß sie die aufgetragene Tat vollbracht hätten.

Voll Freude hüllte der treulose Mann daraufhin seine eigene Tochter, die von seinem Weibe heimlich zu diesem Ort gebracht worden war, in die prachtvollen Gewänder der Prinzessin und führte sie dann Pippin dem Jüngeren als Gemahlin zu. Diesem schien die Braut zwar nicht so schön zu sein, wie es das Bild versprochen hatte, doch er wollte sein Königswort nicht brechen und verheiratete sich alsbald mit ihr.

Inzwischen verbarg sich die unglückliche Berta in den dunklen Wäldern. Sie fürchtete, die Knechte könnten doch noch anderen Sinnes werden und sie trotz ihres Versprechens töten. Als aber der Hunger unerträglich wurde, verließ sie ihr Versteck und versuchte, Menschen zu finden. Verzweifelt irrte sie in der Wildnis umher. Nach einigen Tagen, während derer sie sich nur von Beeren und Wurzeln ernährt hatte, gab sie die Hoffnung auf, jemals wieder aus diesem undurchdringlichen Baumgewirr herauszukommen. Völlig erschöpft kauerte sie sich am Fuße eines Baumes nieder und schlief ein.

So fand sie ein armer Köhler, der in dieser Gegend arbeitete. Sanft weckte er das schöne Mädchen und fragte:

»Was tut Ihr hier so alleine mitten im Wald? Fürchtet Ihr Euch denn nicht vor den wilden Tieren und habt Ihr niemanden, der Euch beschützt?«

Sie aber antwortete nicht auf seine Fragen, weil ja der geleistete Eid ihre Lippen band. Doch sie bat den gutmütigen Mann inständig, sie zu Menschen zu bringen, bei denen sie leben könne.

Da führte er sie zu einer Mühle, die in der Nähe einer Ortschaft namens Gauting gelegen war und die »Reismühle« genannt wurde. Den Müller, der ein guter Bekannter von ihm war, bat er, der Fremden Obdach zu gewähren. Dieser war sehr erstaunt über die schöne Unbekannte mit den feinen Zügen und der vornehmen Art. Er stellte jedoch keine neugierigen Fragen und ließ sie bleiben.

Und er sollte es nie bereuen, sie aufgenommen zu haben. Aus Dank für den Schutz, den er ihr in seinem Hause gewährte, fertigte sie ihm wunderschöne Gegenstände aus Seide und Goldgewirk an, wie sie es am Hofe ihres Vaters gelernt hatte.

Der Müller konnte diese kostbaren Handarbeiten in Augsburg, wo er einen Freund hatte, für gutes Geld verkaufen und wurde ein reicher Mann. Manchmal wollte ein Kunde verwundert wissen, woher er denn diese herrlichen Stickereien, die im ganzen Land nicht ihresgleichen hatten, beziehe. Er verweigerte jedoch immer die Antwort, hüllte sich in geheimnisvolles Schweigen und benahm sich so abweisend, daß ihn bald niemand mehr zu fragen wagte. Und er behandelte Berta gut, wenngleich sie aus Bescheidenheit nicht mehr für ihre Arbeit verlangte, als Kleidung und Nahrung.

So verging die Zeit, Tage wurden zu Monaten und Monate zu Jahren. Es währte an die sieben Jahre, daß die Prinzessin bei dem Müller als Magd diente.

Da geschah es, daß König Pippin einst auf der Jagd durch diese Gegend ritt. Er kam in den undurchdringlichen Wäldern vom Weg ab und verlor sein Gefolge. Nur sein treuer Freund, der ein berühmter Gelehrter, Arzt und Sterndeuter war, sowie ein Knecht, waren noch bei ihm. Die Dunkelheit brach herein und der König glaubte schon, unter den Bäumen nächtigen zu müssen.

Nun wollte es der Zufall, daß die Verirrten vom gleichen Köhler gefunden wurden, der auch Berta einst aus dem Walde geführt und gerettet hatte. Dieser brave Mann brachte sie zur Reismühle, wo sie Unterkunft fanden und sich stärken konnten. Als die Sterne am Himmel aufzogen, ging der Freund des Königs hinaus, um sie nach der Zukunft zu befragen. Kopfschüttelnd kehrte er nach einiger Zeit zurück und sagte zu Pippin:

»Herr, die Gestirne verkünden, daß Ihr noch diese Nacht von Eurer Gemahlin einen Sohn gewinnen werdet, vor dem alle Christenkönige und Heidenkönige sich beugen werden.«

Erstaunt und ungläubig fragte der König, wie denn das geschehen könne, da doch seine Gattin meilenweit von ihm entfernt sei. Der Gelehrte wußte es nicht zu sagen und ging deshalb nochmals hinaus, um in den Sternen zu lesen. Aber wieder bekam er die gleiche Antwort. Und er sagte:

»Herr, im Himmel steht es geschrieben, daß Ihr noch diese Nacht bei derjenigen sein werdet, die Eure rechte Gemahlin ist und schon lange war.«

Da wandte sich der König an den Müller und fragte ihn, wer außer ihm und den Seinen das Haus noch bewohne. Lange zögerte der gute Mann, doch dann gestand er, daß eine wunderschöne Fremde unter seinem Dache weile, die auf gar merkwürdige Art und Weise vor etwa sieben Jahren zu ihm gekommen sei.

Sofort befahl Pippin, dieses Mädchen herbeizuholen. Und als er Berta gegenüberstand, erkannte er zu seiner höchsten Verwunderung, daß sie mehr als seine angetraute Frau dem Bild der Prinzessin glich, das der Graf von Kärlingen einstens gesandt hatte. Er bestürmte die Erschrockene mit Fragen über ihre Herkunft und ihre Geschichte. Sie aber schlug die Hände vors Gesicht und weinte.

Da gewahrte er an ihrem Finger den Ring, den er vor sieben Jahren seiner Verlobten geschickt hatte und von dem seine Frau immer behauptete, sie habe ihn verloren. Er erkannte in Berta seine rechtmäßige Gemahlin. Voll Freude umarmte und küßte er sie und beide waren glücklich, einander endlich gefunden zu haben. Als der König jedoch wissen wollte, wie es gekommmen sei, daß er die falsche Braut geheiratet habe, da weinte sie wieder und bat ihn inständig, ihr darüber niemals Fragen zu stellen, weil ein heiliger Eid ihre Lippen versiegle.

Sie verbrachten einige glückliche Tage in der Mühle, doch dann mußte Pippin wieder scheiden, weil er mit einem Nachbarvolke in Fehde lag. Er rief den Müller zu sich und sagte:

»Ich muß ins Feld ziehen gegen die Sachsen. Solange ich im Krieg bin, vertraue ich dir meine Gattin an. Achte und beschütze sie. Und wenn sie mir ein Kind bringt, dann sende mir Nachricht: einen Pfeil, so es ein Knabe, eine Spindel, so es ein Mädchen ist.«

Nachdem der König dies gesprochen hatte, nahm er wehen Herzens Abschied von der Prinzessin und machte sich auf den Weg.

Er rüstete einen großen Feldzug aus. Zur Verzierung für sein Zelt erstand er eine herrliche Stickerei, die ihm Augsburger Händler anboten. Noch nie hatte er eine feinere Arbeit gesehen. Als er sie jedoch näher betrachtete, erschrak er bis ins Herz. Er erkannte darauf Berta, seine rechtmäßige Gemahlin, und seinen Hofmeister. Ohne es zu wissen, hatte er ein Werk der Kärlinger Prinzessin erstanden, das sie in der Mühle angefertigt hatte. Sie hatte darauf ihre ganze Geschichte dargestellt. In mehreren Bildern erzählte sie, wie der Hofmeister sie auf der Burg ihrer Eltern abgeholt, wie er sie den beiden Knechten ausgeliefert, und wie diese das Hündchen an ihrer Stelle getötet hatten.

So kam die schurkische Tat des treulosen Hofmeisters an den Tag, ohne daß die Prinzessin ihren Eid gebrochen hatte. Es war ja kein Wort über ihre Lippen gekommen.

Der König geriet in fürchterliche Wut über dieses ruchlose Verbrechen. Sofort ließ er die Knechte kommen, die auf den Bildern dargestellt waren. Und er bedrohte sie mit dem Tode für den Fall, daß sie nicht sagen wollten, was sich damals zugetragen hatte. Da fielen sie auf ihre Knie nieder und bekannten alles.

Hierauf rief Pippin seinen Hofrat zusammen, dem auch der Hofmeister angehörte. Er erzählte von dem Verbrechen, das an der Fürstentochter verübt worden war, ohne jedoch Namen zu nennen. Zum Schluß wandte er sich an den Hofmeister und sprach:

»Sag an, du treuer Diener, was soll mit demjenigen geschehen, der eine solche schlimme Missetat auf dem Gewissen hat?«

Da wurde dieser weiß wie die Wand und wußte keine Antwort, denn er wollte sich nicht selbst verdammen. Die Räte aber, vor denen ihn der König daraufhin, vor Empörung zitternd, anklagte, verurteilten ihn einstimmig zum Tode. Und nun brach das Strafgericht über den Hofmeister und seine Familie herein:

Der Ehrlose wurde hingerichtet. Sein Weib, die Mitschuldige seines Verbrechens, wurde lebendig eingemauert, und die falsche Königin warf man in ein tiefes Verließ, wo sie bald danach vor Gram starb. Die beiden Knechte aber, die das Leben der Prinzessin geschont hatten, wurden reich belohnt.

Nachdem dies geschehen war, zog der König ins Feld, wo er fast ein Jahr gegen die Sachsen kämpfen mußte, bis er sie besiegt hatte. Auf dem Heimweg in sein Reich kam ihm der Müller von der Reismühle entgegen und überbrachte ihm lächelnd eine Pfeilspitze. Da wußte Pippin, daß er Vater eines Knaben geworden war. Voll Freude brach er mit seinen Edlen auf, um seine Gemahlin und seinen Sohn auf sein Schloß zu holen.

Unter großem Jubel wurde die echte Königin sodann in Weihenstephan gekrönt, und das Kind auf den Namen Karl getauft. Dieser Sohn Pippins wurde als Carolus Magnus einer der größten Herrscher des Abendlandes.

Die Hexenprobe von Stockdorf

Es heißt, daß man erkennen kann, wer eine Hexe ist, wenn man sich einen Schemel aus dem Holz von neun verschiedenen Bäumen fertigt. Folgende Arten soll man dazu verwenden: Eibe, Lärche, Föhre, Fichte, Tanne, Latsche, Zirbel, Sandel und Wacholder. Alle diese Hölzer müssen in der Walpurgisnacht gesammelt und in der Thomasnacht zugeschnitten werden. Dabei darf man sich nur der linken Hand bedienen. Wenn man nun in der Christmette durch das Handloch des selbstgefertigten Schemels schaut, so kann man sehen, wer von den Kirchenbesucherinnen eine Hexe ist.

Anfang des vorigen Jahrhunderts diente einmal der Sohn eines Schullehrers von Schöngeising als Knecht bei einem Bauern in Stockdorf an der Würm. Er hatte von seinem Vater von der Bewandtnis des Schemels aus neunerlei Holz gehört. Da packte ihn die Neugier und er wollte wissen, ob im Dorf eine Hexe sei. Deshalb fertigte er unter vielen Mühen dieses Möbelstück an und nahm es am folgenden Weihnachtsfest in die Christmette mit.

Nahe am Eingang der Kirche kniete er sich nieder und harrte der Dinge, die da kommen sollten. Als das Glöcklein endlich die Wandlung einläutete, nahm er den Schemel und blickte durch das Handloch.

Da sah er in den vorderen Reihen neun Hexen. Sie knieten verkehrt in den Bänken und machten das Kreuzzeichen höhnisch auf dem Rücken statt vorne. Und alle hatten sie an Stelle von Hauben alte Bienenstöcke auf den Köpfen, in denen Hühner brüteten.

Sieben dieser Frauen waren schon immer in dem Ruf gestanden, Hexen zu sein, von zweien jedoch hatte man es noch nicht gewußt. Mit wilden Augen blickten die Entlarvten den erschrockenen Burschen an. Aber so sehr sie sich auch bemühten, sie konnten ihn nicht erkennen, weil sein Gesicht durch den Schemel völlig verdeckt war.

Nachdem er gesehen hatte, was er wollte, packte der vorwitzige Bursche das Stühlchen und stürzte damit zur Kirchentüre hinaus. So schnell er konnte, lief er in den heimatlichen Hof und verbrannte dort das verräterische Möbelstück.

Nun konnten ihm die Hexen, die bis zum Ende der Wandlung in der Kirche verharren mußten, nichts mehr anhaben. Sie konnten ja nicht mehr feststellen, wer durch den Schemel geschaut hatte. Hätte er nicht so rasch gehandelt, dann hätten sie ihn vor dem Gotteshaus in der Luft zerrissen.

Die Mäuseplage von Krailling

Vor mehr als 200 Jahren wurde Krailling einmal von einer schrecklichen Mäuseplage heimgesucht. Die kleinen Tiere traten in solchen Mengen auf, daß die Menschen sich ihrer nicht mehr erwehren konnten. Zu Hunderten saßen sie in den Feldern und benagten die Wurzeln der Getreidehalme, so daß diese kein Wasser mehr bekamen und zugrunde gingen. Sie fraßen die Rüben und Kartoffeln an und verursachten dadurch einen unbeheuren Schaden auf den Äckern und Fluren.

Aber sie wüteten nicht nur auf den Feldern. Auch in den Häusern der Bauern war nichts vor ihren gefräßigen Mäulern sicher. Die Leute mußten angeknabbertes Brot, halb gefressenen Käse und angebissene Äpfel essen. Die Mäuse verschonten nicht einmal die Möbel und nagten Tischbeine, Stühle und Schränke an. Die Katzen des Ortes, die schon zu anderen Zeiten genug zu tun hatten, wurden der Unzahl von Mäusen nicht mehr Herr.

In ihrer Not stellten die Kraillinger so viele Fallen auf, wie sie auftreiben konnten und streuten vergifteten Weizen. Sie setzten auf den Balg jeder erlegten Maus einen Preis aus, so daß alle Jagd auf die Tiere machten.

Aber es nützte nichts. Es schien vielmehr, als kämen für jede getötete Maus hundert neue hinzu.

Als schon die gesamte Ernte zugrunde zu gehen drohte und sie keinen Ausweg mehr sahen, erinnerten sich die Kraillinger der Schutzpatronin ihrer Kirche, der hl. Margareta. Sie hielten eine Bittprozession über die gefährdeten Fluren ab und gelobten feierlich, diesen Gang jedes Jahr zu wiederholen, wenn durch ihre Fürsprache die schreckliche Plage von ihnen genommen würde. Und die hl. Margareta half.

Die dankbaren Kraillinger haben niemals ihr Gelübde gebrochen, wenn die Zeiten auch noch so schwer waren. Jedes Jahr am dritten Sonntag im Juli halten sie die Margaretenprozession ab.

Die wilde Jagd bei Weßling

Nach dem Glauben vieler Leute sind der wilde Jäger und sein Gefolge ganz unten in der tiefsten Hölle angeschmiedet. Am ersten Adventssonntag aber werden sie losgelassen und dürfen die ganze Adventszeit hindurch, sowie während der Rauhnächte, ihr Unwesen treiben. Erst am Dreikönigsfest, wenn der Krisam geweiht ist und der neue Weihrauch angebrannt ist, muß das Geisterheer in die Hölle zurück.

Für Menschen soll es nicht ratsam sein, sich während dieser gefährlichen Zeit abends außer Haus aufzuhalten. Die Alten haben das gewußt und sich danach gerichtet, aber seit etwa hundert Jahren gerät der Glaube an das wilde Heer immer mehr in Vergessenheit.

So scheute sich einmal ein Mann aus Weßling nicht, sich in der Adventszeit erst des Nachts von Gauting aus auf den Heimweg zu machen. Er dachte sich nicht das geringste, als die Dunkelheit hereinbrach, und schritt, fröhlich vor sich hinpfeifend, vorwärts. Als er in die Nähe der Wegkreuzung nach Unterbrunn gekommen war, hörte er hinter sich in weiter Ferne ein Klingeln wie von tausend hellen Glöckchen.

»Wird wohl ein Schlitten mit Fremden sein«, meinte er unbekümmert, »seltsam, daß die so spät noch unterwegs sind. Vielleicht haben sie kein Nachtquartier gefunden.«

Als das Geläute lauter wurde, packte ihn doch die Neugier und er schaute sich um. Da sah er einen riesigen, silberschimmernden Schlitten, der von acht geisterhaften Pferden gezogen wurde und sich in Windeseile näherte.

»Das wird doch nicht die wilde Jagd sein«, fuhr es ihm plötzlich mit Schrecken durch den Sinn und er erinnerte sich der warnenden Erzählungen seiner alten Großmutter.

»Wahrhaftig, es ist fast Mitternacht!« stellte er betroffen fest.

Aber diese Erkenntnis kam zu spät. Wie ein rasender Wirbelsturm war der Schlitten einen Augenblick später über ihm. Es war ihm, als zerrten ihn Hunderte von Händen hoch. Sie rissen ihn trotz seiner verzweifelten Gegenwehr erbarmungslos mit. Dabei wurde er in einem fort geschlagen, getreten und gestoßen, daß er bald glaubte, keine heile Stelle mehr an seinem Körper zu haben. Als die Quälereien kein Ende nahmen, erfaßte den Mann eine solche Todesangst, daß er fast wahnsinnig wurde.

Doch so plötzlich, wie er begonnen hatte, war der grauenhafte Spuk auch wieder vorbei, so, als hätte ihn eine höhere Macht verjagt.

Der arme Mann fand sich stöhnend, weit von der Stelle entfernt, wo ihn die Geister mitgerissen hatten, wieder. Mühsam schleppte er sich mit zerschlagenen Gliedern in die Richtung, in der er seinen Heimatort vermutete.

Es dauerte einige Stunden, bis er endlich dort angelangt war. Zum Schluß kroch er auf allen Vieren vorwärts, weil er nicht mehr anders konnte. Mit letzten Kräften klopfte er an seine Haustüre.

»Wer ist da?« rief seine Frau und schaute zum Fenster heraus.

Er antwortete nur mit einem unverständlichen Murmeln, denn mehr brachte er nicht zustande.

Die Frau jedoch erkannte in dem übel zugerichteten Wesen, das vor dem Haus kauerte, ihren Mann nicht sofort. Sie erschrak sehr und schrie laut um Hilfe. Da kamen die Nachbarn herbei um zu sehen, was los wäre und um ihr gegebenenfalls beizustehen. Nun erst wagte sie sich hinaus.

Als sie dann das zerschlagene Wesen aus der Nähe betrachtete, erkannte sie in dem Verwundeten voller Entsetzen ihren eigenen Mann.

»Oh Gott, was ist geschehen!« schluchzte sie laut.

Zusammen mit den Nachbarn trug sie ihn ins Haus und versorgte ihn dort. Der Ärmste aber war nicht in der Lage, auch nur eine der Fragen, mit denen ihn alle bestürmten, zu beantworten. Zwei Tage lang konnte er weder sprechen, noch Nahrung zu sich nehmen, so sehr hatte ihm das schreckliche Erlebnis zugesetzt.

Erst viel später erzählte er, wie ihn die wilde Jagd mitgerissen und so grausam zugerichtet hatte. Sein Lebtag aber vergaß er diese grauenvolle Begebenheit nicht mehr.

Maria in der grünen Senke

Vor ungefähr zweihundert Jahren waren in der Gegend um Weßling die Wälder noch sehr ausgedehnt und unwegsam. Sogar Menschen, die das Gebiet verhältnismäßig gut kannten, konnten sich darin verlaufen. Dieses Mißgeschick stieß einmal einem Jäger des Grafen von Seefeld zu. Bei einer lustigen Hatz verfolgte er einen Hirsch so ungestüm, daß er von seiner Jagdgesellschaft abkam und sich hoffnungslos verirrte.

»Ich muß doch hier herausfinden«, dachte er, »mein ganzes Leben habe ich in dieser Gegend gelebt, ich kenne doch jeden Weg und Steg!« Und zuversichtlich ritt er immer weiter und weiter. Die Stille des Waldes, der ihn immer dichter umgab, wurde nur durch das Zwitschern der Vögel und ab und zu durch ein Knacken im Unterholz unterbrochen.

Einige Stunden irrte der Jäger so umher und trotz aller Anstrengungen konnte er den rechten Weg nicht mehr finden. Als der Tag sich zu Ende neigte, und langsam die Dunkelheit alles einhüllte, verlor er jegliches Richtungsgefühl. Da überkam ihn ein großer Schrecken, denn es war zur damaligen Zeit sehr gefährlich, in einem Wald alleine zu nächtigen, gab es doch noch Bären, Wölfe und andere wilde Tiere.

In seiner Angst begann der Jäger zu beten und flehte die Mutter des Herrn um Beistand an:

»Gnädigste Jungfrau Maria, wenn Ihr mir helft, das grüne Tal am Etterschlager Weg zu erreichen, so will ich Euch aus Dankbarkeit ein Bild dort aufstellen, das jeden Wanderer, der dort vorbeizieht, an Euch gemahnet!«

Und siehe da, er hatte das Versprechen kaum getan, als ihm mit einem Mal die Gegend vertrauter erschien und es währte nicht lange, da hatte er den Pfad gefunden, der zur »Grünen Senke« führte. Als er diese endlich erreicht hatte, fiel er auf die Knie nieder und dankte frohen Herzens für seine Rettung. Sodann machte er sich auf und ging in die Einöde von Schluifeld, die ganz in der Nähe war.

Freundlich nahm der Bauer den Verirrten auf und ließ ihn in

seinem Hause übernachten. Und am nächsten Morgen schenkte er ihm, auf sein Bitten hin, ein kleines Bild der Gottesmutter. Dieses trug der Jäger zur grünen Senke und stellte es dort in einen alten, hohlen Birnbaum.

Das Erlebnis des Mannes sprach sich bald in der ganzen Gegend herum und die Leute, die den Etterschlager Weg gehen mußten, blieben oft vor dem Bild stehen, um der Hl. Jungfrau ihre Sorgen, Nöte und Anliegen vorzutragen. Und weil viele in ihren Bitten erhört wurden, ließ die Gräfin von Seefeld bei dem alten Birnbaum ein kleines Kirchlein bauen, »Maria Grünsink«, das seither das Ziel vieler Wallfahrten aus der näheren Umgebung ist.

Die Gründung von Grafrath

Nach schweren, blutigen Kämpfen war es Graf Rasso von Andechs - Diessen gelungen, die Hunnen aus Bayern zu vertreiben. Da unternahm der fromme Ritter, wie es damals üblich war, eine Pilgerfahrt nach Jerusalem. Er wollte dort Gott für seine Hilfe danken und an heiliger Stätte Reliquien für sein Heimatland holen.

Reich beladen kehrte er von dieser abenteuerlichen Reise zurück. Damit die wertvollen Schätze sicher untergebracht würden, entschloß er sich, ein Kloster zu bauen und sie den Mönchen, die es bewohnen würden, anzuvertrauen.

»Ich werde das Kloster dort errichten, wo meine Lanze niederfällt!« sprach er, als er auf seiner »Altenburg« angekommen war. Und weil ihn die Gegend um Wildenroth an der Amper so sehr an Bethlehem erinnerte, schleuderte er die Waffe in diese Richtung.

Rasso aber war bärenstark wie kein zweiter unter der Sonne. Sausend durchschnitt die Lanze die Lüfte und flog so weit, als wolle sie überhaupt nicht mehr zur Erde zurückkommen. Erst im Ampermoos draußen, nahe bei Wildenroth, fiel sie nieder.

Der fromme Graf baute an der Stelle, die ihm durch die Waffe bezeichnet worden war, ein Kloster, in das er später selbst als einfacher Mönch eintrat. Er liegt auch dort bestattet und noch heute stehen die Menschen, wenn sie die Grafrather Kirche besuchen, in ehrfürchtigem Erstaunen vor dem Grab des berühmten Ungarnhelden, der über neun Fuß groß gewesen sein mußte, weil sein Gebein in dem Sarkophag über 260 cm mißt.

Ein Jahr nach dem Tod Rassos fielen die Hunnen erneut in Bayern ein. Das Kloster ihres ehemaligen Bezwingers wurde ein Raub der Flammen. Da brachte die Familie des Grafen die wertvollen Reliquien, die er gesammelt hatte, in das sichere Stammhaus nach Andechs, wo sie zum Teil noch heute sind.

Das Ulrichsbrünnlein bei Grafrath

»Graf Rasso ist tot!« Als diese Nachricht ins Ungarnland gedrungen war, brach dort ein großer Jubel aus. Sofort rüsteten die Hunnen ein riesiges Heer aus, um sich für die Niederlagen zu rächen, die ihnen dieser berühmte Kriegsheld beigebracht hatte. Raubend und mordend durchzogen sie Bayern, denn sie wollten vor allem mit Bischof Ulrich von Augsburg, dem besten Freunde Rassos, abrechnen.

Auf ihrem Weg in die alte Lechstadt kamen sie auch nach Grafrath. In blindem Haß zerstörten sie dort alle Besitztümer ihres verstorbenen Bezwingers, vergifteten die Brunnen, brannten die Häuser nieder und quälten die Bewohner auf unmenschliche Art. Das Grab des hl. Rasso aber fanden sie, wie mit Blindheit geschlagen, nicht.

Als sie endlich weiterzogen, hatten sie die blühende Landschaft in eine sterbende Gegend verwandelt, die verzweifelt nach unverseuchtem Wasser dürstete.

Bald darauf erreichten die Hunnen Augsburg. Dort wurden sie bei der Schlacht auf dem Lechfeld von Bischof Ulrich und

Kaiser Otto vernichtend geschlagen. In wilder Flucht traten sie den Rückzug an.

Bei der Verfolgung der Feinde kam Bischof Ulrich auch durch die zerstörte Heimat seines Freundes Rasso. Mit Entsetzen sah er das große Elend der übriggebliebenen Einwohner, die zu allem Unglück auch noch kein Wasser hatten, weil sämtliche Brunnen vergiftet waren.

Von dieser Not zutiefst angerührt, warf sich der Kirchenfürst zu Boden und flehte inständig zu Gott:

»Herr, erbarme Dich des armen Volkes«, rief er, »laß gutes Wasser aus der Erde quellen und bereite dem Unheil ein Ende! Erbarme Dich, o Herr, erbarme Dich!«

Da öffnete sich der Boden und zum höchsten Erstaunen der Anwesenden sprudelte frisches, kristallklares Wasser hervor. Über dieses Wunder gerieten alle in große Freude. Jubelnd fielen sie einander in die Arme, labten sich dann an dem ersehnten Naß und priesen laut die Güte und Macht Gottes.

Die Quelle ist seither nie versiegt. Bald faßten die Einheimischen sie in einen Brunnen und nannten diesen aus Dankbarkeit: Ulrichsbrünnlein. Und so heißt er bis auf den heutigen Tag.

Die Sunderburg

Graf Friedrich, der Bruder des hl. Rasso, besaß außer der Altenburg in Andechs und später der Rassoburg an der Amper in Schöngeising eine wehrhafte Feste mit Wall und Wassergraben, die »Sunderburg« genannt wurde. Eines Tages zog er, wie es damals üblich war, als Pilger in das Heilige Land. Sein Heim ließ er unter der Obhut seiner beiden erwachsenen Töchter zurück.

Da geschah es, daß wilde Horden die friedliche Gegend überfielen. Die zwei schönen Mädchen wußten zwar wohl Bescheid in allen Dingen des Haushaltes, vom Kriegshandwerk aber verstanden sie nichts. Bald war die Burg völlig von Feinden umzingelt und es war nur noch eine Frage der Zeit, wie lange sie deren wütenden Angriffen würde standhalten können.

Als keine Rettung mehr möglich war, packte die ältere Tochter des Grafen alle Schätze, die das Schloß enthielt, zusammen und versenkte sie in dem unergründlich tiefen Brunnen, der vor diesem lag. Dann kletterte sie hinterher, weil sie das schreckliche Schicksal, das sie in den Händen der Feinde erwartete, nicht ertragen wollte. Sie wurde seither nie mehr gesehen.

Voller Schrecken brachten einige Diener die Nachricht von dem Vorgefallenen der jüngeren Grafentochter. Da meinte das arme Mädchen, das Herz müsse ihm vor Kummer brechen. Es wußte sich keinen Rat mehr und stürzte sich, aus Gram über den Tod der Schwester, ebenfalls in den Brunnen.

Nicht lange danach stürmten die Belagerer die Burg. Wütend darüber, daß sie keine Schätze fanden, mordeten sie die Bewohner und verwüsteten alles. Von der ehemals so schönen Burg blieb kaum ein Stein auf dem anderen, und nur rauchgeschwärzte Trümmerhaufen bezeichneten die Stelle, wo sie einst gestanden hatte.

Als Graf Friedrich endlich von seiner Pilgerreise zurückkehrte und von dem grauenvollen Geschehen erfuhr, verging ihm die Freude am Leben. Er betrat nie mehr die zerstörte Sunderburg, in der seine geliebten Kinder den Tod gefunden hatten, sondern zog sich in das Stammschloß seines Geschlechtes, nach Dießen, zurück.

Seine beiden Töchter aber, die sich durch den Tod der Schande entzogen hatten und so ihre Ehre gerettet hatten, lebten im Gedächtnis des Volkes weiter.

Es heißt, daß man sie des Abends noch oft mit ihren lieblichen Stimmen auf der Sunderburg singen hört. Auch der versunkene Schatz ließ den Leuten keine Ruhe. Staunend erzählten sie sich gegenseitig, daß, abgesehen von den anderen Kostbarkeiten, zwei vollgefüllte Krüge mit Gold dabei sein sollten.

Viele haben sich schon aufgemacht und versucht, den Schatz zu heben. Doch bisher ist es keinem gelungen, denn die beiden Geisterfräulein hüten ihn gut. Heutzutage weiß niemand mehr

genau, wo sich der Brunnen des Schlosses befunden hat. Wohl haben viele dort gegraben, wo sie ihn vermutet haben, aber sie haben ihn nie gefunden und sind höchstens auf ein paar wertlose Glasscherben gestoßen.

Ein armer Bauer aus Schöngeising, der auch einmal auf der Sunderburg sein Glück versuchen wollte und lange im Schweiße seines Angesichtes geschaufelt hatte, nahm solch ein Glasstückchen, rein aus Verzweiflung über seine nutzlose Mühe, mit nach Hause.

Dort angelangt, stellte er zu seiner größten Überraschung fest, daß dieses sich unterwegs in pures Gold verwandelt hatte. Voller Freude machte er kehrt und rannte sporenstreichs zur Burg zurück, um noch mehr von den kostbaren Splittern zu holen.

Jedoch an der Stelle, wo er kurz vorher so viele hatte liegen sehen, fand er nicht einen einzigen mehr. Bitter bereute er nun, nicht gleich mehr Glasstückchen eingesteckt zu haben, aber wie hätte er auch wissen sollen, daß sie zu Gold werden würden?

Außer ihm hat keiner einen Anteil an den Schätzen der Sunderburg erhalten. Es heißt, daß sie immer weiter in die Tiefe sinken, damit niemand sie den beiden Grafentöchtern rauben kann.

Der betrogene Teufel

Zwischen Grafrath und Inning liegt mitten auf einer einsamen Wiese ein riesiger Felsbrocken. Zu zwei Dritteln steckt er in der Erde, ein Drittel ragt daraus hervor. Er wird nur der »Teufelsstein« genannt. Diese Bezeichnung verdankt er einer Sage, die sich die Einheimischen von ihm erzählen:

Die schöne Kirche von Grafrath war dem Teufel seit ihrer Erbauung ein Dorn im Auge. Er ärgerte sich jedesmal von Neuem, so oft er ihrer ansichtig wurde. Da beschloß er eines Tages, sie zu vernichten.

Er begab sich in die Alpen, um dort einen geeigneten Felsbrocken zu holen, mit dem er das Gotteshaus zertrümmern könnte. Nach langem Suchen hatte er endlich einen gefunden, der ihm zusagte. Er wuchtete ihn auf seine Schultern und machte sich damit auf den Weg nach Grafrath.

Es war ein drückend heißer Sommertag. Der Beherrscher der Hölle, der doch einiges an Hitze gewöhnt sein mußte, schwitzte unter der schweren Last derartig, daß ihm das Wasser herunterlief, als wollte es sein schwarzes Gesicht mit aller Gewalt reinwaschen. Und weil er, von dem Stein tief niedergebeugt, nicht auf den Weg achten konnte, verirrte er sich kurz vor seinem Ziel.

Als er bemerkte, daß er Grafrath nicht und nimmermehr finden konnte, lud er den Felsbrocken auf einer Wiese im Wald ab, um sich ein wenig Ruhe zu gönnen. Erschöpft ließ er sich darauf niederfallen und wischte sich den Schweiß von der Stirne.

In diesem Augenblick kam eine alte Bäuerin den Weg dahergehumpelt. Sie hatte einen Korb mit zerrissenen Schuhen auf dem Rücken, die sie zum Schuster bringen wollte. Sie erschrak zutiefst, als sie sich so plötzlich dem Leibhaftigen gegenübersah, der auch nicht einmal soviel Schamgefühl besaß, seinen häßlichen, behaarten Bocksfuß zu verbergen.

»Heilige Muttergottes, steh mir bei!« murmelte das Weiblein und bekreuzigte sich hastig. Dabei versuchte es, sich möglichst unbemerkt an der gefährlichen Stelle vorbeizudrücken.

Doch gerade, als es glaubte, dies geschafft zu haben, schaute der Teufel auf. Er war hocherfreut, jemanden zu treffen, den er nach dem Weg fragen konnte. Sich auf seine besten Manieren besinnend, zog er höflich sein grünes Hütchen und flötete:

»Gute Frau, sagt, bin ich hier auf dem richtigen Weg zur Grafrather Kirche?«

»Was will denn der Höllische in unserer Kirche?« dachte das Weiblein empört. »Bestimmt nichts Rechtes! Ich werde ihm ein's auswischen!«

Und obwohl er gar nicht mehr weit hätte gehen müssen, schlug sie in gespieltem Entsetzen die Hände über dem Kopf zusammen und rief:

»Oh je, da seid Ihr ja in die ganz falsche Richtung gelaufen, fremder Herr! Seht, ich komme aus Grafrath und alle die Schuhe hier habe ich schon durchgelaufen, so weit ist der Ort noch entfernt. Da kommt Ihr heute gewiß nicht mehr hin!«

Bei diesen Worten trat sie mutig auf ihn zu und zeigte ihm den Inhalt ihres Korbes. Da überkam den Teufel, der beileibe keine Lust mehr verspürte, den zentnerschweren Stein in der Bruthitze noch lange umherzuschleppen, eine solche Wut, daß er sich schier hätte zerreißen können.

Ohne sich zu besinnen, packte er den Felsbrocken und schleuderte ihn mit aller Kraft auf den Boden. Dabei fluchte er gotteslästerlich.

Er hatte aber mit solcher Wucht geworfen, daß der schwere Stein weit in die Erde fuhr und nur noch ein Stück daraus hervorragte. Auf diesem trampelte der Teufel eine Weile, außer sich vor Zorn, herum und verschwand dann in einer Wolke von Rauch und Gestank.

Da lächelte das alte Weiblein pfiffig und setzte vergnügt seinen Weg fort. Seit dieser Zeit aber heißt der Felsbrocken zwischen Inning und Grafrath bei der Bevölkerung »Teufelsstein«.

Der Schimmel ohne Kopf

Ein Sattler hatte einst im Ampergebiet, nahe beim Ammersee, gearbeitet und war erst spät am Abend fertig geworden. Als er sich endlich auf den Heimweg machte, war die Dunkelheit schon hereingebrochen. Doch das störte ihn wenig. Er war ein Mann, der mit beiden Beinen auf der Erde stand und weder abergläubig noch furchtsam war. Die Einsamkeit, die drohend über den nachtdunklen Wäldern und den vom Mond in gespenstisches Licht getauchten Wiesen lastete, schreckte ihn ebensowenig, wie unheimliche Geschichten, die ihm über diese Gegend zu Ohren gekommen waren.

Munter schritt er vorwärts und dachte freudig an zu Hause, wo ihn seine junge Frau, die er erst vor kurzer Zeit geheiratet hatte, sicher schon erwartete. Als er gerade überlegte, was sie ihm wohl Leckeres gekocht haben könnte, wurde seine Aufmerksamkeit durch ein sonderbares, weißes Wesen gefesselt, das plötzlich in der Ferne erschienen war und sich ihm zu nähern schien.

»Nanu, was ist denn das?« Der Mann schüttelte den Kopf voller Verwunderung und er blieb neugierig stehen, um es genauer beobachten zu können.

Das unbekannte Etwas näherte sich ihm in völliger Lautlosigkeit, aber mit unheimlicher Geschwindigkeit. Als es nicht mehr weit entfernt war, erkannte er, daß es sich um einen riesenhaften Schimmel handelte, der ohne Kopf durch die Gegend preschte.

»Bei Gott, der Gespensterschimmel!« Während der Sattler dies ausrief, erschrak er bis ins Herz und die Knie wurden ihm weich vor Entsetzen. Er stand wie gelähmt und kalter Schweiß brach ihm aus allen Poren. Wie oft hatte er die Einheimischen von diesem unheimlichen, grausamen Geist erzählen hören! Er aber hatte ihre Geschichten immer nur lachend als 'Hirngespinste' abgetan. Und nun raste das 'Hirngespinst' unbeirrbar und mit tödlicher Sicherheit auf ihn zu, obwohl es ihn ohne Augen ja eigentlich nicht hätte sehen dürfen.

Immer näher kam das kopflose, weiße Roß, das in Wirklichkeit noch grausiger und furchterregender war, als es sich der Sattler, den Erzählungen nach, vorgestellt hatte. Fast hatte es ihn schon erreicht. Da, in seiner höchsten Not, kam ihm in den Sinn, was eine uralte Frau als Mittel gegen den höllischen Spuk empfohlen hatte:

»Wenn man dem Geisterschimmel begegnet«, so hatte sie mit geheimnisvoller Stimme geraunt, »muß man sich augenblicklich zu Boden werfen, Arme und Beine überkreuzen und beten, so innig man kann. Dann kann einem das böse Gespenst nichts anhaben.«

Damals hatte er über die wunderliche Alte gelacht. Nun aber befolgte er unverzüglich ihren Rat. Ohne Rücksicht auf seine Kleidung warf er sich zu Boden, drückte das Gesicht in die schlammige Erde und überkreuzte Arme und Beine. Am ganzen Körper vor Angst schlotternd, stammelte er in wirrer Reihenfolge alle Gebete, die ihm in den Sinn kamen. Jeden Augenblick fürchtete er die riesigen, scharfen Hufe des Gespensterpferdes zermalmend über sich zu spüren.

Da tat es mit einem Mal einen so schrecklichen Knall, daß der arme Mann meinte, sein letztes Stündlein sei gekommen. Er hielt sein Gesicht noch tiefer in die Erde gepreßt und wartete auf den Tod.

Doch es geschah nichts weiter.

Lange verharrte er regungslos in der unbequemen Stellung und wagte nicht, sich zu erheben. Dann endlich lugte er vorsichtig zwischen den Armen durch und sah zu seiner unsagbaren Erleichterung, daß der kopflose Geisterschimmel verschwunden war.

Er rappelte sich auf und rannte nach Hause, so schnell er konnte. Nicht ein einziges Mal blieb er stehen, um zu verschnaufen. Völlig erschöpft und verschmutzt gelangte er dort an. Seiner Frau, die ihn schon in großer Sorge erwartet hatte, erzählte er stammelnd, was ihm zugestoßen war. Da knieten beide nieder und dankten Gott für seine Errettung.

»Du kannst von Glück sagen, daß du gleich das Richtige getan und dich unter den Schutz des Allerhöchsten gestellt hast«, sagten die Leute, denen er am anderen Morgen sein schreckliches Abenteuer berichtete. »Sonst wärest du nicht mit dem Leben davongekommen. Der Schimmel ohne Kopf hätte dich mit seinen Hufen zu Tode getrampelt!«

Seit diesem Erlebnis lachte der Sattler nicht mehr über geheimnisvolle Geschichten vom Ampermoor und er vermied es ängstlich, erst bei Anbruch der Dunkelheit nach Hause zu gehen.

Der Schatz des Räubers

Ein zu seiner Zeit berüchtigter Räuber war der bayerische Hiasl. Einst machte er mit seiner Bande die Gegend um Schöngeising und Wildenroth unsicher. Er hatte mitten im Forst sein Lager aufgeschlagen, im sogenannten »Kuchelschlag«. Das war eine Höhle, wo schon in früheren Tagen lichtscheues Gesindel Unterschlupf gefunden hatte.

Wohl wußten die Jäger und die Wildhüter genau, wo sich der überall gesuchte Verbrecher aufhielt, aber sie konnten nichts gegen ihn unternehmen, weil sie ihm und seinen Leuten zahlenmäßig weit unterlegen waren.

So hauste der bayerische Hiasl dort im Wald, wie es ihm gefiel. Frech zwang er einen der Wildhüter, ihm die schönsten Wildschweine zuzutreiben und sie in einem eigenen Verschlag zu füttern. Als sie ihm dick genug erschienen, ließ er sie schlachten und verzehrte sie hohnlachend mit seiner Bande, während der Forstmann mit ohnmächtigem Zähneknirschen zuschauen mußte.

Auch mit den Jägern trieb er seinen Spott. Er forderte sie auf, doch in den Kuchelschlag zu kommen, es sei da der »berühmte bayerische Hiasl« zu sehen. Natürlich unternahm keiner von ihnen das Wagnis, denn alle wußten, wie brutal er mit Leuten verfuhr, die ihm nicht genehm waren.

Von Zeit zu Zeit machten die Räuber Streifzüge durch die nähere Umgebung, überfielen die Bauernhöfe und ließen alles mitgehen, was nicht niet- und nagelfest war.

Dies wurde den Leuten dann doch zu arg und sie forderten lautstark Hilfe von der Obrigkeit. Als daraufhin endlich Militär anrückte, mußte der bayerische Hiasl Reißaus nehmen. Er hatte sich im Kuchelschlag so sicher gefühlt, daß der Angriff für ihn völlig überraschend kam. Hals über Kopf suchte er mit seiner Bande das Weite, aber er konnte in der Eile die Schätze, die er versteckt hatte, nicht mehr mitnehmen. Es gelang ihm jedoch, wie schon so oft, zu entkommen und sich der Justiz zu entziehen.

Bis auf den heutigen Tag aber ist der Ort, wo der Räuber seine Reichtümer versteckt hatte, nicht gefunden worden. Die Leute munkeln, daß sie der Leibhaftige selbst in Verwahrung genommen hat und nicht mehr freigibt. Der Sage nach sollen sie immer tiefer und tiefer sinken, bis sie in der Unterwelt angelangt sind.

Die Fremde auf dem Pestfriedhof

In Jesenwang pflügte einmal ein junger Knecht einen Acker seines Bauern. Plötzlich weigerten sich die Ochsen aus unerfindlichen Gründen, richtig im Gespann zu gehen. Sie zogen hierhin und dorthin und zertrampelten dadurch die bereits sauber gezogenen Furchen.

Der Bursche bemühte sich redlich, die Tiere zu beruhigen, um weiterarbeiten zu können. Aber es gelang ihm nicht. Verstört versuchten sie immer wieder auszubrechen. Der Mann, der ohnehin sehr jähzornig war, geriet in Wut und begann gotteslästerlich zu fluchen.

Da waren die Ochsen mit einem Schlag wieder folgsam und er konnte seine Arbeit fortsetzen. Dieser seltsame Vorgang verwunderte ihn zuerst ein wenig, dann aber dachte er nicht mehr daran und hatte ihn am Abend bereits vergessen. Als er bei Anbruch der Dunkelheit müde nach Hause fuhr, fragte ihn ein Knecht, der etwas entfernt von ihm auf einem anderen Feld gepflügt hatte:

»Sag einmal, was hast du denn heute für ein fremdes Frauenzimmer dabeigehabt? Wenn das dein Mädchen erfährt!«

»Was redest du da? Bist du verrückt?« entgegnete der Bursche aufgebracht, »ich war die ganze Zeit alleine!«

»Geh, verstelle dich doch nicht«, lachte der andere, »ich habe es genau gesehen! Sie ist vorne gegangen und hat die Ochsen geführt! Aber keine Angst, ich verrate dich schon nicht!«

Wieder stritt der Bursche ab, eine Fremde dabeigehabt zu haben und beteuerte beharrlich, nicht zu wissen, wovon der Andere spreche. Da wandte sich dieser ab und ging seines Weges, denn er war sehr ärgerlich über das hartnäckige Leugnen des Knechtes.

Dem aber wurde ganz eigenartig zu Mute, und der Vorfall mit den Ochsen kam ihm wieder in den Sinn. Doch so sehr er auch sein Gehirn zermarterte, er konnte sich nicht erinnern, jemanden bei seinem Gespann gesehen zu haben.

Am nächsten Morgen pflügte er wieder auf dem bewußten Feld. Da geschah das Nämliche wie am Tage vorher. Wieder begannen die Ochsen auf einmal störrisch zu werden und wieder fluchte er vor Zorn, als er ihrer nicht Herr werden konnte. Und ebenso wie gestern beruhigten sich die Tiere sonderbarer Weise noch während er schimpfte.

Da rieselte ihm plötzlich ein Schauer des Schreckens eiskalt über den Rücken und der letzte Fluch blieb ihm buchstäblich im Halse stecken, denn er hatte mit einem Mal eine fremde Person vorne am Gespann bemerkt. Es war eine unwahrscheinlich hagere, leichenblasse Frau mit seltsam geistesabwesendem Blick. Gekleidet war sie in eine altmodische, dunkle Tracht, wie sie auf manchen verstaubten Votivbildern in unseren Kirchen zu sehen ist.

Die Unbekannte streichelte mit ihren knochigen Händen die Tiere und murmelte dabei unverständliche Worte.

Dem Burschen entrang sich ein gurgelnder Leut des Entsetzens und er versuchte vor der unheimlichen Erscheinung zu fliehen. Doch seine Füße waren ihm auf einmal so schwer wie Blei und er mußte wie angenagelt dort stehen bleiben, wo er sich befand.

Als sich die Ochsen beruhigt hatten, blickte die Fremde den Knecht aus ihren seltsamen Augen durchdringend an. Reglos, wie ein Kaninchen vor der Schlange, starrte er zurück. Da zerfloß ihre Gestalt mit einem Mal wie leichter Nebel in der Luft, und langsam verblaßten die Augen, die ihn so zwingend gebannt hatten. Kurze Zeit später war es, als wäre nie jemand dagewesen.

Noch lange verharrte der Knecht auf der selben Stelle und konnte das unheimliche Gefühl, das ihn befallen hatte, nicht von sich abschütteln. Immer noch glaubte er, den Blick der Fremden auf sich gerichtet zu sehen, obwohl sie schon längst verschwunden war. Tief in Gedanken versunken kehrte er abends nach Hause zurück.

»Was ist denn los mit dir?« fragte ihn die Großmutter des Bauern, die vor dem Haus saß und strickte, mit ihrer brüchigen Greisenstimme, »Du schaust ja aus, als hättest du ein Gespenst gesehen!«

»Das habe ich auch«, erwiderte er und erzählte ihr, was ihm zugestoßen war.

Da nickte die alte Frau weise mit dem Kopf und sagte:

»Ja, ja, du hast wirklich einen Geist gesehen. Dort, wo unser Feld liegt, das du gepflügt hast, war zur Zeit meines Urgroßvaters der Pestfriedhof unserer Gegend. Als diese schlimme Seuche lange Zeit nicht mehr aufgetreten war, wurde er in Ackerland umgewandelt und verkauft. Unsere Familie hat einen Teil davon erworben. Die Pesttoten sind aber noch dort und du hast ihren Frieden mit deinem unchristlichen Fluchen gestört. So hat eine der armen Seelen kommen müssen und deine Ochsen besänftigen müssen, um die Ruhe wiederherzustellen. Ja, ja, das Gespenst, das du gesehen hast, war eine arme Seele vom Pestfriedhof.«

Die Seelenlichter an der Pestkapelle

Im dreißigjährigen Krieg wütete die Pest in Jesenwang schrecklicher als je zuvor. Bald war der kleine Ort fast ausgestorben und es gab kein Haus, in dem nicht mindestens ein Mensch, von der Seuche dahingerafft, zu beklagen war. An den Eingängen des Dorfes standen, wie es damals Vorschrift war, auf den Grenzstangen die gefürchteten Strohwische. Leichenblaß floh jeder Fremde, der dies unheilverkündende Zeichen auch nur von Ferne erblickte, so schnell er es vermochte aus der gefährdeten Gegend. Es bedeutete nämlich, wie in jenen Tagen allbekannt war, daß der schwarze Tod seinen Einzug in den unglücklichen Ort gehalten hatte und daß er deshalb nicht betreten werden sollte.

Die Jesenwanger durften, um ein weiteres Ausbreiten der Seuche zu verhindern, ihr Dorf nicht mehr verlassen. Die umliegenden Ortschaften waren, laut den damals gültigen Gesetzen, verpflichtet, sie mit Nahrungsmitteln, Heilkräutern, Gewürzen und Ähnlichem zu versorgen. Diese lebensnotwendigen Dinge wurden am Rand des Dorfes abgelegt, wo sie dann von den Jesenwangern geholt werden konnten.

In Jesenwang nun geschah es, daß ein Mann von der tödlichen Krankheit befallen wurde, dessen Haus bishang verschont geblieben war. Mit Schrecken bemerkten seine Frau und sein einziger Sohn die ersten Anzeichen der Seuche an ihm. Da lockten sie ihn hinterlistig in eine abschließbare Kammer, sperrten ihn mit etwas Wasser und Brot dort ein und kümmerten sich, aus Furcht vor der Ansteckung, nicht mehr um ihn.

Tage- und nächtelang jammerte der Todkranke verzweifelt nach Hilfe. Seine hartherzigen Angehörigen aber weigerten sich, ihn zu pflegen. Als er endlich so matt war, daß er sich kaum noch bewegen konnte, vermummten sich Mutter und Sohn mit Tüchern, schlossen die Kammer auf und packten den Wehrlosen samt seinem Bettzeug in einen grob zusammengezimmerten Sarg, den sie schon vorbereitet hatten.

Bei Nacht und Nebel verscharrten sie den noch lebenden Mann etwas außerhalb des Dorfes. Ungerührt vernahmen sie sein verzweifeltes Wimmern, als die Erdschollen dumpf auf den Sarg schlugen. Froh, daß sie unbemerkt geblieben waren und daß sie den kranken Gatten und Vater endlich los waren, schlichen sich die beiden Unmenschen anschließend nach Hause. Dort verbrannten sie die Tücher und alle Gegenstände, die irgendwie mit dem Unglücklichen in Berührung gekommen waren.

Sie hatten ihn genau an der Stelle begraben, an der heute die Pestkapelle von Jesenwang steht, die im Jahre 1651 errichtet worden ist. Auch die beiden Mörder halfen fleißig beim Bau der Gedächtnisstätte mit.

Doch Gott läßt seiner nicht spotten und die Strafe für ihre ruchlose Tat sollte nicht ausbleiben!

Nach ihrem Tode fanden die Seelen der schändlichen Verbrecher nicht den ewigen Frieden. Sie müssen seither am Ort

ihrer Untat umgehen und das nun schon seit dreihundert Jahren.

Die Einheimischen schwören darauf, daß sie Mutter und Sohn des Nachts oft als Seelenlichtlein bei der Kapelle gesehen haben. Sie irren dort verzweifelt umher, hierhin und dahin und weinen und klagen dabei jämmerlich. Deshalb meiden die Jesenwanger nach Einbruch der Dunkelheit diesen schaurigen Ort.

Der Totenschimmel von Brandenberg

In der Nähe von Brandenberg steht ein kleines Kirchlein, das lange Zeit von den Dorfbewohnern ängstlich gemieden wurde. Es hieß, daß es zur Nachtzeit dort nicht geheuer sei.

Die Alten wissen zu berichten, daß dieses Gotteshaus im dreißigjährigen Krieg von den Schweden entweiht und oft als Stall für ihre Pferde mißbraucht worden war.

So lagerte eines Tages wieder einmal ein kleiner Trupp feindlicher Landsknechte vor der Kirche. Der Anführer hatte, wie viele andere vor ihm, sein Roß, einen prächtigen Schimmel, in den Altarraum gesperrt. Vor dem Gotteshaus feierte er mit seinen Leuten ein ausgelassenes Gelage, bei dem alles, was die Krieger den armen Bauern der Umgebung geraubt hatten, verpraßt wurde. Je mehr sie aßen und tranken, desto ausgelassener und lauter wurden sie. Bald hallte der ganze Wald wider von ihrem wilden Gröhlen. Sie taten sich auch gar keinen Zwang an, denn sie fühlten sich in der abgeschiedenen Gegend völlig sicher.

Doch sie hatten sich getäuscht. Als es Abend geworden war, brachen plötzlich bayerische Soldaten durch das Gebüsch, das den Platz umgab. Sie waren durch das unvorsichtige Geschrei auf das Lager der Feinde aufmerksam geworden und fielen wie ein Wirbelsturm über sie her.

Die überrumpelten Schweden hatten ihre Waffen nicht bei der Hand und da sie keine Möglichkeit zur Gegenwehr sahen, suchten sie ihr Heil in der Flucht. Hals über Kopf stürzten sie, verfolgt von den Angreifern, davon.

Niemand aber, weder Freund noch Feind, kümmerte sich um den eingesperrten Schimmel. Viele Tage verbrachte er in der verlassenen Kirche und suchte verzweifelt, sich zu befreien. Er wieherte laut, so als wolle er Menschen um Hilfe rufen und hämmerte mit seinen Hufen gegen die Türe, um sie zu zertrümmern. Sie war jedoch zu fest gefügt und er konnte nicht entkommen. Er wurde immer schwächer und schwächer und mußte schließlich in seinem Gefängnis elendiglich an Hunger und Durst zu Grunde gehen.

Nach vielen Wochen fand ein Bauer, der zufällig in die Kirche schaute, um zu sehen, was die Schweden übriggelassen hätten, ein schauerliches Pferdegerippe mit schlotternder, geisterbleicher Haut.

Seither, so erzählen die Einheimischen, ist es nicht mehr geheuer dort. Auch als der furchtbare Krieg zu Ende ging und die Kirche wieder neu geweiht wurde, mieden sie die Leute bei Nacht. Es konnte nämlich geschehen, daß derjenige, der es doch wagte, bei Dunkelheit an diesem Ort vorbeizugehen, mit einem Mal ein gespenstisches Wiehern aus der Kirche vernahm, so schauerlich, daß er es niemals vergessen konnte und es ihn oft bis in die Träume verfolgte.

Und man sagt, wer den verhungerten Schimmel klagen höre, dem sterbe bald darauf ein lieber Angehöriger.

Die Wolfsgasse von Türkenfeld

Türkenfeld lag einst inmitten dunkler Wälder, in denen viele wilde Tiere hausten. Die adeligen Herren, denen das Dorf in alter Zeit gehörte, machten lieber auf wohlschmeckende Hirsche, Wildschweine und Bären Jagd, als sich mit den mageren, struppigen Wölfen abzugeben, die in großer Zahl die Gegend heimsuchten.

So mußten die Bauern selbst zusehen, wie sie sich der Bestien erwehren konnten, die oftmals in ihre Ställe einbrachen und Schafe, Ziegen oder Hühner rissen und verschleppten. Sie wurden sogar Menschen, die sich alleine in den Wald wagten, gefährlich. Und wenn ein altes Weiblein oder ein kleines Kind einem Rudel ausgehungerter Wölfe begegnete, so war sein Leben keinen Heller mehr wert.

Einmal nahm die Wolfsplage schrecklich überhand und die Raubtiere wagten sich auf der Suche nach Freßbarem sogar am hellichten Tag in die Nähe der Dörfer. Da wollte eine arme Frau auf ihrem kleinen Stück Land, nahe am Wald, Moorrüben holen. Sie ging mit ihrem kleinen Buben zu dem Feld und arbeitete fleißig, bis sie so viele ausgegraben hatte, daß der Korb fast voll war.

Als sie sich zufällig aufrichtete, um sich den vom ständigen Bücken schmerzenden Rücken zu reiben, erblickte sie mit einem Mal ein Rudel Wölfe, das drohend am Waldrand entlangstrich und hungrig herüberstarrte. Blitzartig erkannte sie die Gefahr, warf, ohne einen Augenblick zu verlieren, den Korb mit Rüben über ihre Schultern, packte ihr Kind an der Hand und rannte mit ihm zum Dorf zurück, so schnell sie konnte.

Die Wölfe aber wollten sich die Beute nicht entgehen lassen und setzten mit großen Sprüngen hinterher. Als die Fliehenden an einem Hohlweg, der zum Dorf führte, angelangt waren, hatten die Raubtiere sie fast eingeholt.

Entsetzt erkannte die Frau, daß für sie und ihren Sohn kaum mehr eine Rettung möglich war. Da blieb sie stehen und rief:

»Lauf, mein Kind, lauf heim, so schnell du kannst. Und schaue dich nicht nach mir um!«

Der Junge zögerte, weil er seine Mutter nicht zurücklassen wollte, sie aber befahl ungeduldig:

»So lauf doch schon endlich! Kümmere dich nicht um mich, ich komme gleich nach!«

Sie wartete ein Weilchen, bis das Kind einen Vorsprung gewonnen hatte, und nahm dann die Flucht wieder auf. Die Wölfe waren ihr nun schon dicht auf den Fersen. Da durchzuckte sie in der höchsten Not ein Gedanke, den sie augenblicklich in die Tat umsetzte. Sie griff mit beiden Händen in den Korb auf ihrem Rücken, packte so viele Rüben, wie sie erwischte und warf sie den Raubtieren vor. Sie hoffte, diese dadurch von sich ablenken zu können.

Und sie hatte sich nicht getäuscht. Gierig schnappten die Bestien, die ihr besonders nahe waren, nach dem Köder und blieben zurück. Sie hielten nämlich die Rüben für Knochen. Die anderen aber nahmen nach einem kurzen Zögern der Verwirrung die Verfolgung wieder auf.

Als sie ihr abermals bedrohlich nahe gekommen waren, nahm die tapfere Frau erneut Rüben aus ihrem Korb und warf sie diesmal in verschiedene Richtungen hinter sich, um sich mehr Luft zu verschaffen. Wieder fielen die Wölfe gierig über die vermeintlichen Knochen her und balgten sich voller Neid darum.

Durch diese List gelang es der Mutter, ebenso wie vorher ihrem Kind, den gefährlichen Hohlweg zu durchqueren und das schützende Dorf zu erreichen. Völlig erschöpft sank sie dort zu Boden, während einige Bauern die hartnäckigsten Raubtiere mit Mistgabeln in die Flucht schlugen.

Dieser wundersame Vorfall aber blieb den Leuten durch Generationen hindurch im Gedächtnis und bis auf den heutigen Tag heißt der Hohlweg, durch den die Bestien in die Fluren von Türkenfeld einbrachen, »Wolfsgasse«.

Die Mooskuh

In dem großen Moor, das sich einst zwischen Stegen am Ammersee und Grafrath erstreckte, hauste vor Zeiten ein unheimliches Gespenst. Obwohl kein Mensch es jemals gesehen hatte, zweifelte doch niemand an seinem Dasein. Viele hatten nämlich seine Stimme vernommen und waren nur durch eilige Flucht einem schrecklichen Schicksal entronnen.

Manch fremder Wanderer aber, der die Gefahren der Gegend nicht kannte, ist dem schauerlichen Geist zum Opfer gefallen. So hat sich oft einer noch des Nachts, wenn ringsum Dunkelheit herrschte und nur die Irrlichter schemenhaft über das Moor huschten, auf den Weg gemacht. Da konnte es geschehen, daß er mit einem Mal, ganz in seiner Nähe, das angstvolle Brüllen einer verirrten Kuh hörte. Wenn er dann mitleidig dem verzweifelten Ruf folgte, um das arme Tier zu retten, rannte er blindlings in die tödliche Falle des Gespenstes. Er konnte die vermeintliche Kuh niemals erreichen, obwohl es ihm dauernd schien, als befände sie sich nur einige Schritte vor ihm.

Immer weiter lockte der grausame Spuk auf diese Weise sein Opfer vom Weg ab, bis es den festen Boden verlor, von dem sumpfigen Morast gierig festgehalten und dann rettungslos in die Tiefe gezogen wurde.

Viele Menschen wurden, nachdem sie eines Abends das Moor betreten hatten, niemals mehr gesehen. Und wenn die Einheimischen des Nachsts das unheimliche Brüllen der Geisterkuh über die verrufene Gegend hallen hören, dann bekreuzigen sie sich und denken schaudernd an den Unglücklichen, der von dem teuflischen Spuk ins Verderben geführt wird.

Die Mausinsel im Wörthsee

Vor vielen hundert Jahren, lange vor dem Geschlecht derer von Toerring, lebte auf dem Schloß von Seefeld ein Graf, der ein unermeßlich großes Vermögen sein eigen nannte. Doch obwohl er so reich war wie ein Märchenkönig und eine riesige Kammer voll der seltensten Schätze besaß, war er so hartherzig, daß es schien, als habe er statt eines Herzens einen seiner kalten Edelsteine in der Brust.

So arm wie in seinem Gebiet waren die Bauern nirgendwo sonst, denn er preßte mit seinen habgierigen Händen auch noch den letzten Heller aus ihnen heraus und zwang sie dadurch in immer tieferes Elend.

Eines Tages nun brach eine große Teuerung über das Land herein, die eine schreckliche Hungersnot nach sich zog. Zu Tausenden starben die Armen auf den Straßen. Den reichen Grafen aber kümmerte das nicht.

»Was soll's«, rief er übermütig und rüstete ein verschwenderisches Fest aus, »wir haben doch alles, was wir wollen. Was scheren mich die anderen!«

Am Abend des Festes aber rottete sich eine große Menge des Bettelvolkes vor den Toren des Seefelder Schlosses zusammen und rief:

»Hilf uns! Gib uns zu essen! Rette unsere Kinder vor dem Hunger!«

Der Graf, der ein sehr jähzorniges Gemüt hatte, geriet darüber in fürchterliche Wut. Er befahl seinen Kriegsknechten, die Tore herunterzulassen und das elende Volk zusammenzutreiben und in eine Scheune zusperren. Als dies geschehen war, ritt er ebenfalls hinaus und ordnete an:

»Zündet die Scheune an und schafft mir die unnötigen Fresser aus der Welt!«

Aus Furcht vor dem gestrengen Herren wagte keiner der Knechte eine Widerrede und sie taten, wie er geboten hatte. Die Unglücklichen, die nicht mehr aus dem brennenden Stadel entkommen konnten, weil ihn die Landsknechte umstellt hatten, schrieen vor Angst und Schmerzen:

»Gnade! Gnade! Erbarmt Euch, edler Herr, und laßt uns frei!«

Ungerührt hörte der grausame Graf das verzweifelte Wehklagen und Bitten und rief:

»Ihr wolltet doch, daß ich euch vom Hunger befreie! Habe ich dies etwa nicht getan?«

Und als Weinen und Stöhnen in der Scheune anhielt, wandte er sich an seine Henkersknechte und höhnte:

»Hört ihr das Wimmern der Mäuse und Ratten? Gut, daß sie bald ausgerottet sind.«

Er lachte nochmals laut auf und ritt dann zu seinem Schloß zurück. Stumm vor Entsetzen verharrten die Knechte an der

Stätte des Grauens. Bald war nichts mehr zu vernehmen als das Prasseln des Feuers.

Aber die Vergeltung für diese himmelschreiende Untat sollte nicht lange auf sich warten lassen. So, als hätten sich die in den Flammen gemordeten Menschen wirklich in Ratten und Mäuse verwandelt, suchten diese Tiere mit einem Mal das Seefelder Schloß heim.

Zu Tausenden liefen sie in dem Gebäude umher und nichts war vor ihnen sicher. Sie vernichteten die Nahrungsmittelvorräte des Grafen, benagten Tische, Stühle und Schränke, und rissen Löcher in Kleider und Vorhänge. Der unselige Graf konnte auch nicht mehr in Ruhe essen und trinken, denn sie liefen ungeniert über die Tafel und fraßen aus seinen Tellern, so daß er vor Ekel nichts mehr genießen konnte. Wenn er schlief, krochen sie in sein Bett und zwickten und bissen ihn, so daß er keinen Schlaf finden konnte und ununterbrochen denken mußte:

»Hört ihr das Wimmern der Mäuse und Ratten? Hört ihr das Wimmern der Mäuse und Ratten?«

Überall hörte er sich selbst, wie er grausam lachend diesen Satz sprach und er glaubte wahnsinnig zu werden.

Als der Tiere immer mehr und mehr wurden und weder Mausefallen noch eine Jagd der gesamten Dienerschaft Abhilfe brachte, konnte sich der Graf der unheimlichen Nager nicht mehr erwehren und war gezwungen, sein Schloß zu verlassen.

Er flüchtete sich auf die Insel im Wörthsee, in der Hoffnung, daß ihm das Ungeziefer dorthin nicht folgen könnte. Doch er hatte sich getäuscht. Unzählige Ratten und Mäuse stürzten sich ins Wasser und schwammen ihm nach. Und obwohl er sein Bett an eisernen Ketten hatte aufhängen lassen um ihnen zu entgehen, fanden sie trotzdem eine Möglichkeit hineinzugelangen und fraßen ihn eines Nachts bei lebendigem Leibe auf.

So hatte ihn die Vergeltung für sein grausames Verbrechen getroffen. Nach seinem Tode verschwanden die Ratten und Mäuse aus Seefeld und man konnte das Schloß wieder bewohnen. Seit der Zeit aber heißt die Insel im Wörthsee nur »Die Mausinsel«.

Das Hungerbächlein

An der Straße nach Oberalting liegt ein kleiner Tümpel. Von dort führt ein ausgetrocknetes Bachbett von etwa einem Meter Breite durch die Hochstadter Au zum Aubach. Oft schon verschwand das Wasser darin, doch es ist immer wieder, zu ganz bestimmten Zeiten, zurückgekommen. Von den Leuten wird es nur das »Hungerbächlein« genannt. Diesen seltsamen Namen verdankt es dem Umstand, daß jedesmal, wenn es in dem ausgedörrten Bachbett zu fließen begann, eine Teuerung über das Land hereinbrach oder eine Hungersnot, ein Krieg oder sonst eine schlimme Zeit kam.

1853 soll das Hungerbächlein nach jahrelanger Trockenheit plötzlich zu plätschern angefangen haben. Darauf folgte 1854 dann das furchtbare Cholerajahr, das so viel Unglück und Leid brachte.

Solche Beispiele für die Richtigkeit des Wasserorakels soll es noch viele geben. Die Einheimischen jedenfalls glauben fest an die Vorhersage des Hungerbächleins und schauen von Zeit zu Zeit besorgt nach, ob es fließt oder nicht.

Die versunkene Stadt Damasia

Vor Urzeiten lag dort, wo sich jetzt der Ammersee erstreckt, eine schöne, stolze Stadt namens Damasia. Sie war so groß, daß sie vom heutigen Weilheim bis nach Wartaweil zur weißen Säule reichte.

Am Rande dieser Stadt wohnten einst zwei Schwestern, welche die Aufgabe hatten, das sumpfige Land ringsum urbar zu machen. Die beiden aber vertrugen sich wie Hund und Katze und lebten ständig in Streit und Unfrieden miteinander.

Eines Tages brach auf ein eben mühsam gerodetes Stück Erde durch die Unachtsamkeit der jüngeren Schwester das

Wasser erneut ein und zerstörte alles. Da geriet die Ältere in schrecklichen Zorn. Sie ballte die Fäuste gegen den Himmel und stieß einen bösen Fluch aus:

»Ich wollte, alle Felder und Wiesen hier würden zu Wasser. Dann hätte diese elende, unnütze Schinderei ein für allemal ein Ende!«

Sie hatte die Verwünschung kaum ausgesprochen, als sich auch schon aus heiterem Himmel mit einem Mal dunkle, schwere Wolkenmassen drohend zusammenballten. Dann brach ein Unwetter los, wie die Welt es noch nicht gesehen hatte. Blitze zischten herab und der Donner grollte so erschreckend durch die Luft, daß sich alles Lebende ängstlich verkroch. Der Regen stürzte gleich einer Wasserwand hernieder. Überall riß die Erde auf und aus den Spalten quoll das Wasser unermüdlich hervor und bedeckte in kurzer Zeit das ganze Land ringsum.

Immer höher stieg die Flut und immer neue Wassermassen wälzten sich heran. Sie schwappten in die Straßen der schönen Stadt, überschwemmten Häuser und Schlösser und rissen an deren Grundmauern, bis diese der entfesselten Naturgewalt nicht mehr widerstehen konnten und zusammenkrachten. Fast alle Gebäude von Damasia versanken in die Tiefe und wurden von dem unersättlichen Wasser verschlungen.

Als die Elemente endlich zu toben aufhörten und langsam wieder zur Ruhe kamen, lag an Stelle der stolzen Stadt ein riesiger See da. Nur ein paar Häuser, die auf einem hohen Hügel standen, hatten die schreckliche Katastrophe überdauert.

So ist, laut Sage, der Ammersee entstanden. Der Rest der ehemals riesigen Stadt Damasia aber ist das heutige Dießen, wie alte Leute glaubwürdig versichern.

Der Taucher im Ammersee

In einer alten Sage heißt es, daß auf dem Grund des Würmsees eine riesige Schlange schlafe. Die Neugier ließ den Menschen nun keine Ruhe und sie suchten zu erforschen, was sich in den Tiefen des Ammersees verberge. Niemand aber hatte den Mut, hinabzutauchen und nachzuschauen.

Nun geschah es einmal vor langer Zeit, daß ein Mann durch eine ruchlose Tat sein Leben verwirkt hatte. Da stellte ihn der Richter vor die Wahl, sich entweder in einem Glassturz auf den Grund des Sees hinabzulassen und ihn zu erkunden oder aber sogleich den Tod am Strang zu sterben.

Der Verbrecher fürchtete sich zwar genau wie alle anderen vor dem tiefen Wasser, doch er dachte:

»Entscheide ich mich für den Galgen, so muß ich auf jeden Fall sterben. Wähle ich jedoch die Glaskugel, so besteht noch eine geringe Hoffnung, daß ich mit dem Leben davonkomme.«

Und er erklärte sich bereit, die Sache zu wagen.

Sogleich wurden geschickte Handwerker beauftragt, für das Abenteuer eine Glocke aus Glas zu verfertigen. Sie mußte groß genug sein, um dem Verurteilten ausreichend Luft zu gewährleisten und ihm die Möglichkeit zu geben, ohne Schwierigkeiten alles zu sehen, was sich in der Tiefe ereignete. Zudem mußte sie so dicht sein, daß kein Wasser eindringen und dadurch den Plan gefährden konnte. Nach vielen Versuchen gelang es endlich, einen Glassturz herzustellen, der den Anforderungen entsprach.

Da ließ man in allen Dörfern rund um den Ammersee verkünden, wann und wo der Versuch, das Gewässer zu erkunden, gewagt werden sollte. Tausende von Schaulustigen kamen an dem festgesetzten Tage zusammen, um Zeugen des mutigen Unterfangens zu sein. Unter tosendem Beifall wurde der Verurteilte vorgeführt und zu einem großen Boot gebracht, auf dem die Glocke bereitstand. Er mußte in das durchsichtige Gehäuse steigen. Dann machten sich fünf Männer daran, es wasserdicht zu verschließen, indem sie alle Ritzen mit Wachs und Pech verklebten.

Nachdem diese schwierige Arbeit beendet war, banden sie einige lange, schwere Taue an den Glassturz und ruderten auf den See hinaus. Dort hoben sie ihn vorsichtig über Bord und ließen ihn, nachdem sie ihn mit Blei beschwert hatten, ins Wasser hinabgleiten, soweit die Seile reichten. Nun warteten die Männer eine geraume Weile und zogen dann die Glocke mit dem Verbrecher wieder herauf.

In atemloser Stille verfolgten die Zuschauer vom Ufer aus alle diese Vorgänge. Als der Glassturz wieder aus dem Wasser auftauchte, ging ein erregtes Raunen durch die Menge und alle wollten sehen, was mit dem Mann darin geschehen war.

Dieser lag leichenblaß, mehr tot als lebendig in dem Gehäuse und der Angstschweiß stand ihm auf der Stirne. Lange Zeit war er nicht fähig, die Fragen, die ihm von allen Seiten gestellt wurden, zu beantworten. Mit zitternden Knien entstieg er seinem gläsernen Gefängnis und ließ sich mit einem starken, heißen Getränk stärken. Dann berichtete er mit vielen Unterbrechungen, in denen er die Luft tief in seine Lungen einzog, als könne er vom Atmen nicht genug bekommen:

»Dem Himmel sei Dank, der mich wieder ans Licht zurückkehren ließ. Ich hatte schon geglaubt, nie mehr die Sonne zu erblicken. Als ich ins Wasser tauchte, war erst eine linde Bläue um mich. Dann wurde es ganz grün und als ich noch tiefer kam, umgab mich stockdunkle, schwarze Nacht. Nichts, aber auch gar nichts konnte ich erkennen, so unheimlich und undurchdringlich war die Finsternis.«

Wieder atmete der Verurteilte lange und tief, um neue Kraft für seine Erzählung zu schöpfen. Schweigend verharrte die gespannt lauschende Menge. Endlich redete der Mann weiter.

»In meinen Ohren dröhnte es«, schilderte er, »und in meinem Kopf war ein gewaltiges Summen, so daß ich glaubte, er würde zerspringen. Dann kreiste auf einmal alles vor meinen Augen wie in einem wilden Wirbel und fast wahnsinnig vor Angst warf ich mich auf den Boden. Da vernahm ich eine grauenerregende Stimme, die grollend rief:

»Ergründ'st du mich, so verschling ich dich!'

Mehr weiß ich nicht, denn ich wurde ohnmächtig vor Entsetzen.«

Dies berichtete der Verurtcilte. Das Volk ringsum aber

wurde von einem großen Schrecken ergriffen. Einige weise Männer traten zusammen und beschlossen, alle Jahre am Ammersee eine hl. Messe lesen zu lassen und einen goldenen Ring als Opfer ins Wasser zu werfen. So hoffte man, den See zu besänftigen. Sonst, so fürchtete man, würde er über seine Ufer treten und das ganze Bayernland überschwemmen.

Der Seedonner

In manchen Jahren, wenn es im Winter so bitterkalt wird, daß sogar der weitflächige Ammersee von einer Eisschicht überzogen ist, kann man dort in Nächten, in denen die Witterung umschlägt, ein eigenartiges, drohendes Krachen, und von Zeit zu Zeit ein ganz unheimliches Donnern vernehmen. Dann entstehen mit einem Mal lange, gefährliche Risse im Eis und an manchen Stellen schieben sich die Schollen übereinander.

»Der See gröhlt wieder!« flüsterten sich die Fischer bei diesen Geschehnissen früher erschrocken zu.

Sie hatten große Angst, denn sie glaubten, der See sei aus irgendeinem Grund unzufrieden mit ihnen und rufe nach einem Menschenopfer. Lange Zeit wagte sich dann niemand auf das feindliche Gewässer hinaus.

Erst, wenn irgendjemand den nassen Tod gefunden hatte, sei es ein Kind beim Spielen auf dem Eis oder ein unvorsichtiger Fischer, wenn also der See sein Opfer hatte, dann ließ diese Furcht nach und die Leute fuhren wieder wie sonst auf das Wasser hinaus.

Die Totenbeschwörung von Utting

Mitte des vorigen Jahrhunderts starb in Utting am Ammersee eine junge Frau bei der Geburt ihres ersten Kindes. Das Neugeborene folgte ihr kurz darauf in den Tod.

Damals herrschte der schöne Brauch, in solch einem traurigen Fall das Kind in die Arme seiner Mutter zu legen und diese dann mit ihm wie eine Jungfrau zu bestatten. Die Menschen glaubten nämlich, die Gebärende habe durch ihren Opfertod ihre ursprüngliche Reinheit wiedererlangt und käme geradewegs in den Himmel.

Der alten Sitte gemäß, wurde auch die Frau aus Utting mit Kranz und Schleier und in einem weißen Sarg zu Grabe getragen.

Damals nun schmiedeten fünf Männer aus dem Ort einen Plan, wobei sie hofften, mit Hilfe dieser geläuterten Seele zum großen Geld zu kommen. Ohne Ehrfurcht vor dem Tode, wollten sie die eben Verstorbene beschwören, ihnen die richtigen Nummern bei der nächsten Lotterie anzugeben.

Nach einer uralten Überlieferung begannen sie ihr makaberes Werk Schlag zwölf Uhr Mitternacht. Beim letzten Ton der Glocke schlichen sie sich, völlig entkleidet, auf den Gottesacker. Sie öffneten das frische Grab und hoben den Sarg mit der jungen Frau und dem Kind heraus. Sodann stieg einer von ihnen hinein und nahm deren Platz in der Grube ein. Er legte auf seinen Mund ein Stück Papier, auf dem alle neunzig Nummern der Lotterie deutlich vermerkt waren, und harrte der Dinge, die da kommen sollten.

Die anderen vier Männer aber wollten die Tote beschwören, ihnen die richtigen Zahlen für die drittnächste Ziehung, an der sie sich alle beteiligen wollten, bekanntzugeben. Sie luden den Sarg auf ihre Schultern und trugen ihn feierlich, mit abgemessenen Schritten, dreimal um den Friedhof. Dabei bewahrten sie vollkommenes Stillschweigen.

Nach dieser Zeremonie brachten sie die Verstorbene in ihr Grab zurück und derjenige, der an ihrer Stelle darin gelegen hatte, sprang heraus. So schnell sie konnten, schaufelten sie es wieder zu und verließen den Ort der Beschwörung.

Sie begaben sich in das Haus von einem der Frevler und besahen sich dort das Papier mit den Nummern bei Licht. Da entdeckten sie zu ihrer unbeschreiblichen Freude, daß tatsächlich fünf der darauf geschriebenen Zahlen verschwunden waren, so, als hätten sie nie dagestanden.

Erwartungsvoll setzten die fünf Männer bei der bestimmten Lotterie alles auf diese Ziffern. Und wirklich, genau diese wurden gezogen.

Nun hätten die Verschwörer einen großen Gewinn ihr eigen nennen können, wenn nicht ihre schmähliche Leichenschändung durch einen Zufall ans Tageslicht gekommen wäre. Die fünf Männer wurden verhaftet und ins Gefängnis geworfen. Außerdem wurde ihre Teilnahme am Spiel, und somit auch ihr Gewinn, für ungültig erklärt, da es dabei ja nicht mit rechten Dingen zugegangen war, und sie erhielten nichts.

So war also alles umsonst gewesen und sie mußten zu ihrer Strafe noch die Verachtung der Leute ertragen, die voller Empörung über die gemeine Tat waren.

Der Schatzhügel bei Utting

In der Nähe von Utting am Ammersee erhebt sich unmittelbar neben der Straße nach Dießen ein eigenartig geformter Hügel. Er ist viereckig und an zwei Seiten fließen Bäche an ihm entlang. Außerdem ist er mit Wall und Graben versehen.

Auf diesem Platz soll früher einmal ein Schloß gestanden haben. Auch wird behauptet, daß in der Tiefe des Hügels ein wertvoller Schatz verborgen sei. Vor mehr als hundert Jahren, so heißt es, haben die Einheimischen oft in der Nacht ein schönes Fräulein in schneeweißen Gewändern dort umherwandeln sehen. Man munkelte, daß es wohl die Hüterin des sagenhaften Schatzes sein müsse.

Vor langer Zeit haben einmal einige Leute, die schnell und ohne allzuviel Mühe zu Geld kommen wollten, im Hügel gegraben. Doch anstatt der ersehnten Reichtümer von Gold und Edelsteinen sind sie nur auf eine alte Tierhaut gestoßen. So ruht der verschollene Schatz wohl noch heute unentdeckt unter der Erde.

Der heilige Leuthold von Breitbrunn

Breitbrunn am Ammersee war zur Zeit des dreißigjährigen Krieges ein vielbesuchter Wallfahrtsort. Man verehrte dort einen Mann namens Leuthold, der sein Leben als frommer Pilger verbracht haben sollte. Als er gefühlt habe, daß sein Ende nahe sei, habe er gebeten, so erzählten die Leute, seinen Leichnam auf ein Ochsengespann zu legen und ihn an der Stelle zu bestatten, wo dieses von selbst halten würde. So soll er nach Breitbrunn gekommen sein.

Fast hundert Jahre lang verwahrte sich die Kirche umsonst gegen diesen Heiligen, den sie nicht anerkannte. Obwohl das Ordinariat mehrmals die Wallfahrt zu seinem angeblichen Grabe verboten hatte, kamen immer wieder neue Pilgerscharen.

Anfang des 18. Jahrhunderts endlich wies eine Untersuchungskommission nach, daß der Heilige eine Erfindung der Leute gewesen sei. Daraufhin ließen die Behörden die Reste seines vermeintlichen Grabes beseitigen.

Vielleicht, so glauben manche, hat sich in der Sage vom heiligen Leuthold im Volk eine Erinnerung an den Grafen Leupold von Dießen, der 1038 starb, erhalten. Er wird von den Gerichtsschreibern nicht anerkannt, weil keine Urkunden über ihn erhalten sind. In den dauernden Fehden und Kriegen, in welche die Adelsgeschlechter der damaligen Zeit verwickelt waren, gingen nämlich viele wertvolle Dokumente verloren.

Obwohl er nie heiliggesprochen worden ist, scheint dieser Leupold, laut Klosterchronik, der Sohn des Grafen Friedrich II. von Dießen und seiner Gemahlin Kunigunde, das Vorbild für den heiligen Leuthold gewesen zu sein.

Geistermusik im Schloß Mühlfeld

Nahe Herrsching am Ammersee liegt das im 16. Jahrhundert erbaute Schloß Mühlfeld. Dort waren einmal vor gar nicht so langer Zeit zwei Herren aus München zu Gast. Sie waren gute Freunde der Schloßbesitzer, und das Wiedersehen wurde ausgiebig gefeiert. Die Nacht war schon halb vorüber, als man sich endlich entschloß, zu Bett zu gehen. Die Gastgeberin wies den beiden Münchnern ein schöngelegenes Zimmer für die Nachtruhe an. Dann wurden die Lichter gelöscht und langsam legte sich nächtliche Stille über das ganze Haus.

Bald tat der reichlich genossene Alkohol seine Wirkung und alle schliefen tief und traumlos. Nicht lange aber, da erwachte der eine der Gäste plötzlich, weil er glaubte, im Schloß von irgendwoher eine wundersame Musik zu vernehmen.

»Nanu, ist die Feier denn noch nicht aus?« murmelte er verblüfft, setzte sich im Bett auf und lauschte eine Weile. Außer den eigenartig bezaubernden Klängen aber war alles totenstill. Das kam ihm unheimlich vor und er weckte seinen Freund.

»Hörst du auch, was ich höre«, fragte er ihn, »oder bin ich betrunken?«

»Ja doch, da wird eine wunderschöne Musik gespielt«, antwortete dieser nach einer Weile.

»So habe ich mich also nicht getäuscht«, triumphierte sein Gefährte, »doch was soll das jetzt um Mitternacht. Das geht doch nicht mit rechten Dingen zu!«

Nach kurzer Beratung beschlossen die beiden, der Sache auf den Grund zu gehen. Sie standen auf, warfen sich einige Kleidungsstücke über und verließen das Zimmer. Auf dem Gang vernahmen sie die seltsame Melodie noch viel lauter. Vorsichtig schlichen sie in die Richtung, aus der sie kam, und stellten nach einer Weile erstaunt fest, daß sie vor der Türe zur Galerie der Schloßkapelle standen. Ganz deutlich und klar konnten sie jetzt die Musik hören.

»Wird hier mitten in der Nacht eine Messe gefeiert?« fragte der eine Herr verwundert. Er bückte sich und lugte durch das Schlüsselloch. Alle Lampen in der Kirche waren angezündet und leuchteten hell und festlich. Menschen aber waren nicht zu sehen. Nachdem sein Freund auch einen Blick hineingeworfen hatte, schlug er mit gedämpfter Stimme vor:

»Machen wir doch einfach auf, dann merken wir schon, was los ist!«

Da öffneten sie behutsam die Türe. Im selben Moment jedoch verstummte die Musik, das Licht verlöschte wie von Geisterhand weggewischt und es herrschte mit einem Mal eine beklemmende Stille.

Erschrocken blieben die beiden Herren eine Weile stehen und schauten sich betreten an. Doch als sich nichts weiter ereignete, schlichen sie vorsichtig in ihr Zimmer zurück. Sie schlossen aber die ganze Nacht kein Auge mehr, weil sie dauernd über die eigenartige Begebenheit nachgrübeln mußten.

Am nächsten Morgen erwähnten sie ihren Gastgebern gegenüber nichts von ihrem nächtlichen Abenteuer, denn sie fürchteten, nicht ernst genommen zu werden. Als sie aber auf ihrer Rückreise nach München in Andechs einkehrten, berichteten sie einem Klosterbruder, den sie dort kannten, was sich in Schloß Mühlfeld zugetragen hatte.

»Ob das wohl Gespenster waren?« fragte der Erzähler zweifelnd am Ende seiner Geschichte.

Da lächelte der Mönch und sagte:

»Liebe Freunde, das braucht euch nicht weiter zu beunruhigen. Solche Dinge geschehen oft auf Schloß Mühlfeld. Dort gehen nämlich die Armen Seelen um. Sie spielen des Nachts in der Kirche ihre Musik, doch sie tun niemandem etwas zuleide.«

Der verbrannte Stock

Die Alten erzählten sich in den langen Winterabenden manch seltsame Geschichte vom Ammersee. Einige von ihnen führten den Fischreichtum desselben auf drei sagenhafte Fräulein zurück, die vor undenklichen Zeiten in der Nähe des Sees gewohnt haben sollen. Sie verfügten, so hieß es, über geheimnisvolle Kräfte.

Einst sprach eine von ihnen den Wunsch aus, der Ammersee

möge voll von Fischen sein. Und kaum hatte sie dies gesagt, da tummelte sich auch schon eine unzählige Menge im Wasser.

Viele Fischer haben sich seither um den Ammersee angesiedelt. Fleißig, wie sie waren, fuhren sie, so oft sie konnten, mit ihren Fanggeräten aus und brachten fast immer reiche Beute heim. So gelangten sie bald zu Wohlstand.

Einmal nun, es war an einem hohen Fest der Christenheit, begaben sich einige von ihnen hinaus auf den See zum Fischen, obwohl sie an diesem Feiertag nicht hätten arbeiten sollen. Als sie den Stock ins Wasser steckten, an dem sie das Boot festbinden wollten, schlugen plötzlich helle Flammen daraus hervor. Vor ihren entsetzten Augen verbrannte er von der Spitze bis herunter zu der Stelle, wo er ins Wasser tauchte.

Von einem tiefen Schrecken ergriffen, suchten die Fischer das Weite. Seither aber haben diese Männer niemals wieder einen Feiertag mißachtet.

Der Bauer und der Schäuferlmann

Von dem ehemaligen Dorf Ramsee führte der sogenannte Dreifaltigkeitsweg über die Schwellbachbrücke nach Andechs. An dessen Steg war es, so wird erzählt, zu nächtlicher Stunde nicht geheuer. Dann spukte dort ein riesengroßer, schwarzer Mann. Seinen breitkrempigen Hut tief in die Stirne gedrückt und um die Schultern einen weiten, schwarzen Mantel, der die knochendürre Gestalt darunter verbergen sollte, so schaufelte er die ganze Nacht unter der Brücke. »Schäuferlmann« nannten ihn deshalb die Einheimischen.

Eines Abends, vor fast zweihundert Jahren, zechte einmal ein Bauer aus Ramsee im Andechser Bierstüberl. Der edle Gerstensaft schmeckte ihm nach jeder Maß besser und er dachte nicht ans Heimgehen. Endlich, als die Stunde schon sehr vorgerückt war, mahnten ihn seine Zechkumpane lachend:

»Jetzt schau aber zu, daß du heimkommst! Sonst könnte es leicht sein, daß dich der Schäuferlmann erwischt.«

»Und nimm Weihwasser mit«, grinste ein anderer, »daß er dir, wenn du ihm begegnest, nichts anhaben kann.«

»Ich fürcht' mich nicht vor Gespenstern und solchem Zeug«, lallte der Bauer mit schwerer Zunge, »Weihwasser brauche ich erst recht keines, ich traue mich auch so heim!«

Mit diesen Worten nahm er seinen Hut und machte sich auf den Weg. Draußen in der Dunkelheit aber verließ ihn der Mut, mit dem er in der Wirtsstube geprahlt hatte. Seine Selbstsicherheit schwand zusehends, je mehr er sich der berüchtigten Schwellbachbrücke näherte. Als er den Ramseer Wald durchquerte, erhob sich mit einem Mal ein Sturm. Wild fuhr er durch die Bäume und Sträucher und deren Ächzen und Knarren klang dem Bauern wie ein eigenartiger Totengesang in den Ohren.

Schaudernd zog er seinen Umhang fester zusammen und beschleunigte seine Schritte. Endlich erreichte er die gefürchtete Brücke, die ihn noch von seinem Heimatort und der Sicherheit trennte. So schnell er konnte, rannte er darüber hinweg. Da erfaßte ihn, als er gerade in der Mitte war, plötzlich eine namenlose Angst. Er blickte sich um und gewahrte zu seinem Entsetzen hinter sich das Brückengespenst. Überlebensgroß und schaurig stand es da mit seinem wehenden, schwarzen Mantel, hager wie ein Vogelscheuche und mit tief in die Stirne gedrücktem Hut. Über der Schulter trug es eine schwere Schaufel.

Kalter Schweiß brach dem Bauern bei diesem Anblick aus und er begann zu laufen, wie er sein Lebtag noch nicht gelaufen war. Doch als er sich wieder umblickte, bemerkte er zu seinem Entsetzen, daß das Gespenst ihn lautlos, mit drohend erhobener Schaufel verfolgte.

Bitter bereute er jetzt, kein Weihwasser mitgenommen zu haben, aber jetzt war es zu spät. Fast von Sinnen vor Angst hastete er weiter und stammelte unablässig Gebete vor sich hin. Endlich kam er in die Nähe seines Hofes und schon von weitem rief er so laut er konnte:

»Mach auf, Bäuerin! Um Gottes Willen, mach schnell auf!«

Aber gerade, als er die Haustüre erreicht hatte und sich in Sicherheit glaubte, hatte ihn das Gespenst eingeholt. Es versetzte

ihm mit der schweren Schaufel einen gewaltigen Hieb über den Kopf und war dann verschwunden.

Die Frau des Bauern, die auf sein Rufen hin sofort geöffnet hatte, fand ihn bewußtlos am Boden. Mit Hilfe von zwei Knechten trug sie ihn ins Haus und brachte ihn zu Bett.

Von Stund an aber war der Mann krank. Er sprach kaum mehr und starrte immer nur geistesabwesend vor sich hin. Er konnte sich von dem Schrecken nicht mehr erholen, und als acht Wochen vorüber waren, wurde er mit dem Totengespann auf den Gottesacker gefahren.

Das blutende Kreuz von Andechs

König Philipp II. von Frankreich verliebte sich einst in die wunderschöne Grafentochter Agnes von Andechs. Er hielt um ihre Hand an, verschwieg dabei aber, daß er schon eine Gemahlin, namens Ingelberga, besaß. Diese hatte er verstoßen, um Agnes heiraten zu können.

Die junge Gräfin hatte von alledem keine Ahnung. Sie fühlte sich hoch geehrt und wünschte sich nichts anderes mehr, als Königin von Frankreich zu werden und dadurch zu Macht und Würde zu gelangen. Oft betete sie in der Burgkapelle von Andechs vor einem Kruzifix, das Bruder Alaunus geschnitzt hatte, nachdem Jerusalem im Jahre 1187 von den Sarazenen eingenommen worden war. Er wollte damit die Schändung sühnen, die dem Kreuze Christi dabei zugefügt worden war.

Als die schöne Agnes wieder einmal vor diesem Bild kniete und lange um die Erfüllung ihres Herzenswunsches gefleht hatte, sank sie mit einem Mal in tiefen Schlaf. Im Traume war ihr, als blicke sie der Gekreuzigte ernst an und spreche zu ihr:

»Wenn du die erbetenen Gnaden erlangen willst, so kröne mich mit der Dornenkrone, mit der ich in meinem Leiden gekrönt war.«

Nicht lange nach diesem Ereignis wurde Agnes, im Jahre 1196, mit dem König von Frankreich vermählt und dadurch

Herrscherin über das fremde Land. Als sie so ihren Wunsch erfüllt sah, erinnerte sie sich des seltsamen Traumes, den sie vor dem Kruzifix in Andechs gehabt hatte. Und weil in Frankreich damals der größte Teil der Dornenkrone Christi aufbewahrt wurde, die der hl. Germanus im 6. Jahrhundert dorthin gebracht hatte, bat sie ihren Gatten, einen Teil davon nach Andechs schicken zu dürfen. Großzügig gewährte ihr dieser den Wunsch. Da ließ sie sieben Zweige der Reliquie durch den Benediktinermönch Isaak aus Seeon, der sie in die Fremde begleitet hatte, nach Hause, in ihre elterliche Burg, bringen.

Die Krone Frankreichs aber brachte Agnes kein Glück. Kurze Zeit später mußte sie das Land verlassen. Der Papst hatte ihre Ehe mit Philipp für ungültig erklärt und diesen solange mit dem Bann belegt, bis er seine rechtmäßige Gemahlin Ingelberga wieder zu sich genommen habe.

Gebrochenen Herzens kehrte die junge Frau, die den König in gutem Glauben, daß er frei wäre, geheiratet hatte, nach Andechs zu ihrer Familie zurück. Schon ein Jahr später starb sie, aus Gram über die Trennung von ihrem geliebten Mann.

Der Sohn ihres Bruders, Heinrich Markgraf von Istrien, pflegte gleich seiner unglücklichen Tante, oft vor dem Kreuz in Andechs zu beten. Eines Tages, als er ganz in Andacht versunken war, bemerkte er plötzlich, wie von der Stirne Christi mit einem Mal dicke Blutstropfen herabfielen.

Er glaubte erst, seine Sinne würden ihn trügen, aber als sich das seltsame Schauspiel acht Tage hindurch wiederholte, erfaßte ihn ein heiliger Schrecken. Er konnte dieses Wunder nur als ein warnendes Vorzeichen für sein Leben deuten. Wie recht er mit jener Annahme gehabt hatte, zeigt sein weiteres Schicksal.

Damals waren gerade die Wirren um die Ermordung Kaiser Philipps im Jahre 1208. Der Verdacht, an der ruchlosen Tat beteiligt gewesen zu sein, fiel auch auf Heinrich. Wenige Wochen, nachdem er das Kreuz hatte bluten sehen, mußte er aus seiner Heimat fliehen und geächtet umherirren. Später begab er sich auf eine Pilgerfahrt ins Heilige Land, von wo er erst zurückkehrte, als seine Unschuld bewiesen war.

Inzwischen wurde seine Burg in Andechs von den Kriegern Herzog Ludwigs I. zerstört. Vorsorglich hatten die Mönche, die den kostbaren Reliquienschatz hüteten, diesen an unbekannter Stelle vergraben, ehe sie das Kloster den Feinden überlassen mußten. Das blutschwitzende Kreuz aber nahmen sie mit, um es in ihr Benediktinerkloster nach Seeon zu bringen.

Als sie bis Forstenried bei München gekommen waren, wurde das Kreuz mit einem Mal so schwer, daß es die sechs Pferde des Wagens, auf dem es befördert wurde, trotz aller Anstrengungen nicht mehr ziehen konnten. Das deutete man als einen Fingerzeig Gottes, sein Zeichen an dieser Stelle zu belassen.

Zwei Mönche, jener Isaak, der die Zweige der Dornenkrone aus Frankreich gebracht hatte, und ein Mitbruder, namens Bertold, blieben in Forstenried zurück. Sie erbauten eine Kirche für das Kreuz, die später ein berühmter Wallfahrtsort wurde.

Der verlorene Schatz von Andechs

Um das Jahr 1248 wurde die stolze Burg der Andechser Grafen samt ihrer schönen Kirche zerstört. Damals verschwand der berühmte Reliquienschatz des »heiligen Berges« und war für lange Zeit verschollen. In Andechs wurden nämlich nicht nur die weltbekannten drei Hostien aufbewahrt, sondern unter anderem auch ein Teil des Kreuzes Christi, ein Zweig seiner Dornenkrone, die Hälfte des Schweißtuches Christi, das »Marientuch«, in dem die lb. Gottesmutter begraben worden war, sowie einige andere Reliquien. Niemand aber konnte sagen, wohin diese unersetzlichen Werte gekommen waren.

Lange Jahre später hatte einmal eine blinde Frau aus Widersberg einen höchst seltsamen Traum. Eine überirdische Stimme befahl ihr darin;

»Begebe dich zum heiligen Berg nach Andechs und suche dort in der Ruine der Kirche nach dem ehemaligen Altar. An der linken Seite desselben wirst du einen grünenden Wacholderstrauch finden. Du mußt eine Wurzel davon ausgraben und dir damit deine Augen bestreichen!«

Der Traum war so eigenartig und so wirklichkeitsnah gewesen, daß die Frau beschloß, die Weisung, die sie erhalten hatte, zu befolgen. Sie pilgerte nach Andechs und fand dort alles so vor, wie es ihr beschrieben worden war. Und als sie sich mit der Wacholderwurzel die Augen bestrichen hatte, lichtete sich das Dunkel, das sie umgeben hatte, und sie konnte wieder sehen.

Fassungslos vor Freude teilte sie allen Menschen, denen sie begegnete, ihr Glück mit und erzählte immer und immer wieder das große Wunder, das an ihr geschehen war. Da ließ Herzog Ludwig der Strenge, als die Kunde davon auch zu ihm gedrungen war, die Andechser Kirche wieder aufbauen. Bald pilgerten wie in früheren Zeiten viele Wallfahrer zum heiligen Berg, obwohl die berühmten Reliquien noch nicht gefunden worden waren.

Es war lange Zeit später, man schrieb das Jahr 1388, da hielt einmal ein sehr frommer Franziskanermönch, namens Jakob Dachauer, in der Andechser Kirche eine Hl. Messe. Mitten in der heiligen Handlung raschelte es plötzlich hinter ihm auf geheimnisvolle Weise.

Verdutzt suchten er und seine Gemeinde den Grund des unerwarteten Geräusches und erblickten zu ihrer Verwunderung eine Maus, die mit einem großen, vergilbten Zettel im Mäulchen unter dem Altar hervorgekommen war. Erschreckt ob der vielen Leute ließ sie ihn fallen und verschwand eilends in einer Ritze.

Als die Messe beendet war, hob Jakob Dachauer den Zettel auf und entdeckte darauf zu seinem höchsten Erstaunen, in altertümlicher Schrift, ein Verzeichnis der verschwundenen Reliquien.

Sogleich begann man, unter dem Altar, von wo das Mäuslein gekommen war, nachzuforschen und als man ein wenig gegraben hatte, fand man das Versteck des verloren geglaubten Schatzes von Andechs.

Die Rettung des Andechser Gnadenbildes

Nachdem Herzog Ernst von Bayern die zerstörte Klosterkirche von Andechs hatte wieder aufbauen lassen, stiftete er dem neuen Gotteshaus für den Hochaltar eine selten schöne Madonna mit Kind. Die als Himmelskönigin dargestellte Gottesmutter umfaßt mit ihrer linken Hand ihren göttlichen Sohn, in der rechten trägt sie ein Zepter. Zu ihren Füßen schwebt ein schmaler Halbmond und ihr Haupt wird von einem Sternenkranz umstrahlt. Lange Jahre verehrten dieses Bild zahllose Pilger, die zum heiligen Berg kamen.

Im dreißigjährigen Krieg wurde das Kunstwerk aus Sicherheitsgründen in einer Höhle des Klostergartens vergraben. Den weltberühmten Reliquienschatz aber brachte man unter umfangreichen Schutzmaßnahmen nach Salzburg.

Und es war richtig gewesen, daß die Mönche so klug und vorsorglich gehandelt hatten, denn kurze Zeit später fielen, wie befürchtet, die Schweden in Andechs ein. Sie durchkämmten das ganze Kloster auf der Suche nach den Schätzen und kehrten das Unterste zu oberst. Als sie aber trotz aller Anstrengungen nichts finden konnten, gerieten sie in Wut. Sie trieben die Dienerschaft zusammen und befragten sie, unter Androhung der schlimmsten Foltern, nach dem Versteck der Reliquien.

Aus Furcht vor den grausamen Soldaten, gestand ein Knecht, wo das Bild der Himmelskönigin verborgen war und führte die Feinde an den bezeichneten Ort. Voller Vorfreude auf eine reiche Beute machten sich diese eifrig daran, zu graben.

Doch sie konnten ihr Vorhaben nicht zu Ende führen, denn mitten in ihrem Tun wurden sie mit einem Mal von einer nicht erklärbaren Furcht ergriffen. Schaufeln und Spaten entfielen ihren zitternden Händen und sie verließen in wilder Hast den plötzlich so unheimlich gewordenen Ort.

Durch diesen wundersamen Vorfall wurde das Gnadenbild von Andechs vor der Schändung durch die schwedische Soldadeska gerettet.

Die standhafte Marienstatue

Während der Zeit, da das Gnadenbild im Klostergarten versteckt war, stellten die Andechser auf die leere Stelle am Hochaltar eine andere Marienstatue, deren Platz sonst auf dem oberen Choraltar war.

Als die Schweden kamen und alles durchsuchten, vermuteten einige von ihnen hinter diesem Bild der unbefleckten Empfängnis die wertvollen Reliquien von Andechs. Kurzerhand packten zwei bärenstarke Soldaten die Statue und wollten sie von dem Sockel, der ihrer Meinung nach die Schätze verbarg, herabreißen.

Wer aber beschreibt ihr Erstaunen, als es ihnen nicht gelang, sie auch nur das kleinste Stückchen zu bewegen, so sehr sie sich auch bemühten! Fluchend legten daraufhin auch andere Soldaten mit Hand an und halfen ihren Kameraden.

Sie schoben, zerrten und zogen an der Heiligenfigur, bis ihnen der Schweiß in hellen Bächen von den Stirnen lief. Doch es war alles umsonst. Unverändert gütig blickte die Madonna auf sie herab, unverändert fest stand sie auf ihrem Platz.

Da packte die Soldaten blinde Wut, und ein besonders wüster Kerl unter ihnen, der vor nichts Ehrfurcht hatte, brüllte zornig:

»Teufel nochmal, wir werden schon sehen, wer stärker ist, wir oder du!«

Geschwind holte er ein Seil herbei und schlang es um die Statue. Dann riß er, zusammen mit vielen anderen Schweden mit aller Gewalt daran. Aber es war wieder vergebens. Wie angewachsen stand das Madonnenbild da, obwohl es erst kurze Zeit vorher zwei Klosterbrüder mühelos vom oberen Choraltar gehoben und zum Hauptaltar gebracht hatten. Nun wurden die Männer von Schrecken ergriffen und flüsterten einander zu:

»Wahrhaftig, das geht nicht mit rechten Dingen zu!«

Einige von ihnen liefen zu ihrem Oberst und berichteten ihm den eigenartigen Vorfall. Da verbot ihnen dieser bei Strafe, weiter an der Statue herumzureißen.

»Ich habe von unserem König keinen Auftrag, mit Heiligenbildern Krieg zu führen!« sprach er.

Der Offizier, ein überzeugter Protestant, wurde später nach Kloster Ettal beordert. Dort gab er diese seltsame Begebenheit bekannt, weil er keine vernünftige Erklärung dafür fand.

Die Soldaten aber, die dabeigewesen waren, kamen bald darauf nach Rosenheim. Sie erzählten dieses Wunder ebenfalls mehreren Leuten. Anschließend bemerkten sie, daß derjenige, der am hartnäckigsten versucht hatte, das Madonnenbild zu stürzen, nahe dem heiligen Berg bei Andechs, auf eine jähe und schreckliche Art und Weise sein Leben habe lassen müssen. Ein anderer sei, durch dieses Wunder und den Tod des Kameraden dazu bewegt worden, zum katholischen Glauben zurückzukehren.

Heute befinden sich die beiden Bilder, das der Himmelskönigin und das der Unbefleckten Empfängnis, wieder an ihren angestammten Plätzen und werden von den Pilgern hochverehrt.

Die heiligen drei Hostien

Auf dem hl. Berg zu Andechs werden in einer wundervollen, silbernen Monstranz die weltberühmten hl. drei Hostien aufbewahrt.

An die erste, die von Papst Gregor konsekriert wurde, knüpft sich folgende Geschichte, die der Biograph jenes Papstes, Paulus Diaconus mit Namen, schon im 8. Jahrhundert berichtet:

»Als der heilige Vater Gregor (um 600) einmal in den Stationskirchen das hl. Opfer feierte, brachte eine Matrone — angeblich eine spanische Fürstin namens Elvira — die üblichen Opfergaben dar. Als er ihr darauf das Altarsakrament darreichen wollte und die Worte sprach:

»Der Leib unseres Herrn Jesus Christus bewahre deine Seele zum ewigen Leben« — da lachte sie höhnisch auf.

Sofort zog Gregor seine Rechte zurück und legte die Hostie auf den Altar. Nach Beendigung des feierlichen Gottesdienstes fragte er die Matrone vor allem Volke, warum sie zu lachen gewagt habe, als sie den Leib des Herrn empfangen sollte. Nach einigem Zögern erklärte sie dann unwirsch:

»Weil du das Brot, von dem ich weiß, daß ich es mit eigenen Händen zubereitet habe, als Leib des Herrn ausgegeben hast.«

Hierauf warf sich Gregor mit dem ganzen Volke um des Unglaubens dieser Frau willen zum Gebete nieder. Als er sich wieder erhob, fand er das auf dem Altar niedergelegte Hl. Brot in Fleisch verwandelt, das er in aller Gegenwart der ungläubigen Matrone zeigte, wodurch er sowohl bei ihr die Gnade des Glaubens wieder erwecken, als auch das ganze Volk darin bestärken konnte.

Ein zweites Mal warf er sich mit dem Volke zum Gebet nieder und nun verwandelte sich das Fleisch wieder in die ursprüngliche Gestalt des Brotes zurück.«

Soweit der Bericht aus Vita S. Greg. 1 II, c5, 41.

Über die Herkunft der zweiten Hostie ist nichts bekannt. Sie ist in geheimnisvolles Dunkel gehüllt.

Die dritte Hostie stammt von Papst Leo IX., einem der wenigen deutschen Päpste. Im Jahre 1051, nach seinen Friedensbemühungen zwischen den Deutschen und den Ungarn, hielt er einmal in Regensburg eine hl. Messe. Als er eine Hostie konsekrierte, auf der der Name Christi mit IHS eingeprägt war, erschienen diese Schriftzeichen plötzlich in blutroter Farbe.

Das Wunder wurde allgemein als Gottesurteil betrachtet, denn zur damaligen Zeit traten Irrlehrer auf, die behaupteten, Christus sei bei der Wandlung von Brot und Wein nur anwesend, was in krassem Gegensatz zu der Lehre der Kirche steht, die darin die tatsächliche Verwandlung von Brot und Wein in das Fleisch und Blut Christi selbst sieht.

Andechs erhielt die drei Hostien, die früher in Bamberg aufbewahrt wurden, aus der Hand des Bischofs Otto II. Dieser war ein Bruder des Grafen Berchtold von Andechs, der ihn um die Heiligtümer gebeten hatte, weil sein Land durch Hungersnöte, Seuchen und Unwetter damals schweren Schaden gelitten hatte.

Der Bischof erfüllte den Wunsch. Und als die hl. drei Hostien in Andechs ankamen, soll, laut Sage, das Unheil von der Grafschaft gewichen sein.

Seit dieser Zeit befinden sich die hl. drei Hostien, mit kurzen Unterbrechungen, als höchster und wertvollster Schatz in Andechs.

Der Brunnen der hl. Elisabeth in Andechs

Nachdem ihr Gatte, der Landgraf von Hessen und Thüringen, gestorben war, weilte die hl. Elisabeth, die eine Tochter des ungarischen Königs Andreas und dessen Gemahlin, Gertraud von Andechs, war, einige Zeit bei ihrem Onkel auf der Burg in Andechs.

Der Legende nach ging die fromme Gräfin eines Tages, in Gedanken versunken, am Abhang des hl. Berges entlang. Es war sehr heiß und nach einer Weile verspürte sie großen Durst. Da betete sie um ein wenig Wasser und sogleich entsprang zu ihren Füßen eine klare Quelle, aus der sie trinken konnte.

Später wurde dieses Bächlein in einen Brunnen gefaßt und eine kleine Kapelle darüber errichtet. An diesem sogenannten »Elisabethbrunnen« erfrischen sich bis auf den heutigen Tag die müden Pilger und Wanderer, die nach Andechs ziehen.

Das Siegeskreuz in Andechs

Zu dem Schatz, der in Andechs aufbewahrt wird, gehört ein romanisches Vortragskreuz aus Kupfer von unschätzbarem Wert. Es wurde einst, so berichtet die Legende, Karl dem Großen von einem Engel überreicht.

Als Pipin, dessen Sohn, der König in unserem Lande war, in erbittertem Kampfe mit den Ungläubigen stand, sandte er ihm dieses Kreuz, damit es ihm zum Siege verhelfe.

Graf Rasso, der berühmte Hunnenheld, nahm es später mit nach Ungarn. Dort ging es aber verloren und niemand wußte, wo es hingekommen war. Bis in die Zeit Stephans I., der von 997—1038 König von Ungarn war, blieb es verschollen. Dann kam es durch einen wundersamen Vorfall wieder ans Tageslicht.

Dem frommen Fürsten erschien das Siegeskreuz nämlich eines Tages an einer bestimmten Stelle und als dort nachgegraben wurde, fand man das schon für immer verloren geglaubte Kreuz. Da ließ König Stephan an dem gleichen Platz eine schöne Kirche zu Ehren Gottes errichten. Es war die erste im ganzen ungarischen Reich.

Lange Jahre danach kam das Siegeskreuz wieder nach Andechs zurück. Gertraud, die Mutter der heiligen Elisabeth, war eine Tochter des Grafen Berchtold III. von Andechs und wurde mit dem ungarischen König Andreas vermählt. Sie ließ das kostbare Kruzifix wieder in ihre Heimat bringen und seither gehört es zum Schatz von Andechs.

Die Magd und der wilde Jäger

In manchen Nächten erhebt sich plötzlich, wie es scheint ohne Grund, ein furchterregender Orkan. Er braust durch die Wälder und läßt sie ächzen und stöhnen, reißt Felsbrocken aus den Bergen und schmettert sie ins Tal und peitscht das Wasser zu haushohen Wellen auf.

Inmitten dieser Naturgewalt aber rast, so raunen die Alten, die wilde Jagd. Voraus stürmt der finstere, wilde Jäger, gefolgt von bewaffneten, geisterbleichen Männern in schimmernden Rüstungen und von hexenartigen Weibern in altmodischen Gewändern. Begleitet werden sie von einer Meute lärmender Hunde und schauerlich heulender Nachtvögel.

Meistens hetzen sie unbarmherzig ein Geisterpferd oder ein koboldartiges Holzweiblein, das sie, sowie sie seiner habhaft werden, in Stücke reißen und verschlingen.

Wehe dem Menschen, der den Weg des wilden Gespensterheeres kreuzt. Wenn der Ärmste nicht weiß, wie er sich richtig verhalten muß, dann zerren ihn die ungestümen Jäger rücksichtslos mit und wirbeln ihn wie eine Feder, hoch über die Baumwipfel, durch die Lüfte, daß ihm Hören und Sehen vergeht. Und erst, wenn das Gebetläuten ertönt, müssen sie ihrem Opfer wieder die Freiheit geben.

Sie lassen es dann einfach da fallen, wo sie sich gerade befinden, ganz gleich, ob über den Bergen, einem Wasser oder einem Dorf. Wenn solch ein Unglücklicher in einem See oder einem Fluß landet, so ist er verloren, denn nach dem höllischen Tanz, den er mitgemacht hat, ist er nicht mehr fähig, zu schwimmen und muß unweigerlich ertrinken.

Viele sind von der wilden Jagd schon mitgenommen worden und etliche von ihnen haben ihr Abenteuer mit dem Leben bezahlt.

Da hütete einmal in der Nähe von Pähl am Ammersee die Magd des Glasbauern Kühe. Es war spät und die Dunkelheit war schon hereingebrochen. Mit einem Mal vernahm sie ein eigenartiges Brausen hinter sich, und ein wirres Geschrei erfüllte die Luft. Das Mädchen erschrak zutiefst und wandte entsetzt den Blick, um die Ursache des unheimlichen Getöses zu ergründen. Doch ehe sie sich versah, war das wilde Heer bereits über ihr und wirbelte sie mit unwiderstehlicher Gewalt in die Höhe. Vor Angst schwanden ihr fast die Sinne und sie meinte nicht anders, als daß ihr letztes Stündchen geschlagen habe. Um sie herum war ein Schreien und Toben, so schrecklich, wie sie es sich in ihren schlimmsten Träumen nicht hatte vorstellen können. Sie wußte bald nicht mehr, wo oben und unten war, so unaufhaltsam drehte sich alles um sie her, und es erfaßte sie ein solcher Schwindel, daß ihr ganz schlecht wurde. Verzweifelt betete sie zu allen Heiligen und wünschte sehnlichst, daß das grauenhafte Spiel, das mit ihr getrieben wurde, endlich aufhören möge.

Plötzlich hörte sie mitten in dem höllischen Lärm von Ferne die Glocken einer Kirche zum Gebet rufen.

Da war der Spuk mit einem Mal wie ausgelöscht. Sie aber stürzte sausend aus den Lüften herab und fiel in ein dichtes Unterholz. Wohl zerkratzten ihr die Äste Arme und Beine ganz jämmerlich, doch sie dämpften ihren Fall, so daß sie ansonsten einigermaßen unverletzt am Boden anlangte.

Nun befand sich die arme Magd in einem Wald, den sie nicht kannte und in einer ihr völlig fremden Gegend. Da setzte sie sich nieder und schluchzte bitterlich, weil sie nicht wußte, was sie anfangen sollte. Nach einer Weile erhob sie sich und begann, durch den Wald zu laufen, in der Hoffnung, irgendwo auf Menschen zu treffen. Sie rannte und rannte weinend immer weiter und weiter, bis sie endlich an ein Haus gelangte.

Verwundert sahen die Bewohner des Bauernhofes das völlig verstörte, unbekannte Mädchen dahertaumeln.

»Wer bist du und woher kommst du zu so früher Stunde?« wollten sie von ihr wissen.

Sie aber war am Ende ihrer Kräfte und nicht imstande, eine Antwort zu geben. Mühsam lallte sie einige unverständliche Worte und brach dann wieder in hemmungsloses Schluchzen aus. Da drangen die gutmütigen Leute nicht weiter in sie. Sorgsam führten sie die Fremde ins Haus, gaben ihr zu essen und zu trinken und ließen sie dann ausruhen. Einige Tage lang benahm sie sich so verschreckt und seltsam, daß die Bauersleute fürchteten, sie sei nicht recht bei Verstand.

Nach einer Woche erholte sie sich endlich ein wenig und konnte ihnen berichten, daß sie aus Pähl wäre und beim Glasbauern dort in Dienst stünde..

»Ja Kind?« rief da die Bäuerin verwundert und schlug die Hände über dem Kopf zusammen, »wie bist du denn da in einer Nacht zu uns nach Moorenweis gekommen?«

Nun erzählte die Magd, wie es ihr ergangen war.

»Oh je«, erschrak die Frau, als sie das hörte, »du bist ja der wilden Jagd in die Hände gefallen. Hast du denn nicht gewußt, wie man sich da verhalten muß?«

Als das Mädchen verneinend den Kopf schüttelte, erklärte die Bäuerin:

»Du hättest nicht umschauen dürfen, als du den Lärm gehört hast, sondern du hättest dich gleich auf den Boden werfen und Hände und Füße kreuzweis übereinanderlegen müssen. Dann wäre die wilde Jagd über dich hinweggezogen und hätte dir nichts anhaben können!«

Der gute Rat kam jedoch zu spät. Wohl kehrte die arme Magd, als sie sich einigermaßen erholt hatte, wieder nach Pähl zu ihrem Bauern zurück, aber sie konnte das schreckliche Erlebnis nicht vergessen. Nie mehr war sie so fröhlich wie früher und sie blieb still und in sich gekehrt ihr Lebtag lang.

Die Nebelfrau

In der sumpfigen Gegend um Raisting und Stillern treibt des Nachts die Nebelfrau ihr Unwesen. Sie ist von Kopf bis Fuß in schneeweiße, spinnwebfeine Schleier gehüllt, so daß man ihr Gesicht nicht sehen kann. In der Zeit vor Weihnachten ist sie besonders häufig unterwegs und führt späte Wanderer in die Irre. Wenn das Christfest vorbei ist, muß sie jedoch verschwinden und darf erst in den Nebelmonaten des nächsten Jahres wieder kommen.

Einst ging ein Mann des Abends noch hinauf in den Forst von Stillern. Er hatte schon von der Nebelfrau gehört, aber er fürchtete sich nicht, denn er kannte die Gegend wie seine Hosentasche und glaubte daher, sich nicht verlaufen zu können.

Er war noch nicht lange unterwegs, da begegnete ihm eine zarte, kleine Frau, die ganz mit weißen Gewändern vermummt war. Ohne ihn zu fragen, gesellte sie sich zu ihm.

»Ich weiß schon, wer du bist«, sagte der Mann mit lauter Stimme, wie um sich selbst Mut zu machen, »aber bei mir bist du an den Falschen geraten. Schere dich weg, denn ich werde mich nicht von dir in die Irre führen lassen!«

Und ohne weiter auf sie zu achten, schritt er beherzt weiter. Da hob das Geisterweiblein die Arme und ließ seine Schleier

flattern. Federleicht hoben sie sich in die Luft und wurden immer länger und länger. Sie wehten so dicht vor den Augen des Wanderers, daß er bald gar nicht mehr sah, wohin er trat.

Wütend wischte er die feinen Gespinste fort und beschleunigte seine Schritte. Doch die Nebelfrau wich nicht von seiner Seite. Sie begann vielmehr, leichtfüßig um ihn herumzutanzen, und ihre zarten Schleier verdeckten ihm immer mehr die Sicht, so daß er wie blind durch die Dunkelheit tappte.

Er stolperte über Wurzeln und Steine, fiel in Pfützen und rannte gegen Bäume. Da schlug er nach dem Gespenst, das ihn so hartnäckig narrte, aber seine Hände verfingen sich nur in Ästen und Zweigen und trafen niemals die Nebelfrau.

»Geh weg, du böser Geist, geh endlich weg!« schrie er das Weiblein in ohnmächtigem Zorn an. Aber es kümmerte sich nicht im Geringsten um seinen wachsenden Groll, sondern blies immer mehr und mehr der feinen Gewebe vor sein Gesicht.

Da blieb der Mann voller Verzweiflung stehen, um nicht weiter in die Irre zu laufen. Aber er war naß bis auf die Haut, und es begann ihn so erbärmlich zu frieren, daß er lieber weiter durch die Finsternis stapfte und sich durch die Bewegung wenigstens ein wenig erwärmte. Immer wieder befahl er der Nebelfrau, ihn doch in Ruhe zu lassen, doch es nützte nichts. Bald wußte er nicht mehr, was er tun sollte und wie er sich des boshaften Gespenstes erwehren sollte. Es trieb unbarmherzig die ganze Nacht hindurch sein grausames Spiel mit ihm.

Er hatte keine Ahnung, wie lange es schon währte, als er in der Ferne leise die Glocken einer Kirche läuten hörte. Da blieb das Nebelweiblein ganz unvermittelt stehen. Es fing an, sich aufzulösen, wurde immer durchsichtiger und unwirklicher und war bald ganz von der Dunkelheit aufgesogen.

Verwirrt blickte der Mann um sich und sah, daß er sich weit ab von dem Weg befand, den er eigentlich hatte gehen wollen. Lange Zeit mußte er wandern, bis er endlich an seinem Ziel anlangte.

Aber nicht nur ihm ist es so ergangen. Viele mußten schon eine ganze Nacht unfreiwillig mit der Nebelfrau umherirren und erst beim Gebetläuten am nächsten Morgen verlor sie ihre Macht über die Genarrten, und sie konnten sich wieder dorthin begeben, wo sie hinwollten.

Die Geister in der Lichtenau

Moore erschienen den Menschen, ganz gleich welcher Gegend auch immer, unheimlich und bedrohlich. Zu früheren Zeiten vermutete man auf deren Grund die Eingänge zur Unterwelt. Es ist daher nicht verwunderlich, daß die Leute versuchten, böse Geister dorthin zu bannen, wo sie ihrer Meinung nach hingehörten.

Es hieß, daß die Dämonen in Gestalt von Fröschen, die der menschlichen Sprache mächtig waren, in den tiefen und gefährlichen Sümpfen ihr Unwesen trieben. Manchmal sollen die höllischen Mächte sogar als seltsame, weiße Schnecken dort erschienen sein. Auch von den armen Seelen, die noch nicht erlöst waren, behauptete man, daß sie zur Strafe als ängstliche Lichtlein auf den Mooren herumirren müßten.

Als solch ein Toten- und Geistermoor gilt die Lichtenau bei Raisting. Böse Geister, vor denen man verschont sein wollte, bannte man früher mit allerlei Zaubersprüchen kurzerhand in Flaschen und warf diese dann dort in ein ganz bestimmtes Wasserloch, wo sie für immer versanken. Besonders die Weilheimer entledigten sich auf diese Art und Weise häufig unlieb-

Einst soll in Dießen eine arme Seele lange Zeit als Klopfgeist umgegangen sein. Da wußten sich die Leute nicht mehr anders zu helfen, als den nächtlichen Ruhestörer in ein kupfernes Gefäß zu verwünschen. Dieses wurde fest verschlossen und dann unter großen Vorsichtsmaßnahmen in die Lichtenau befördert. Zwei Herren, die an der schwierigen Beschwörungszeremonie teilgenommen hatten, ließen sich von einem beherzten Kutscher, der die Gegend genau kannte, auf das Moor hinausbringen. Unterwegs warnten sie ihn eindringlich:

»Fahr nur immer zu und schaue dich unter keinen Umständen um, sonst ergeht es dir schlecht!«

Als sie mitten im Moor waren, nahe bei der Stelle, an der die Flasche versenkt werden sollte, konnte der Mann seine Neugier nicht länger bezwingen und wandte den Kopf. Da erblickte er eine ungeheure Anzahl grauenvollster Gespenster. Sie verfolgten den Wagen und versuchten immer wieder, ihn mit ihren langen Geisterarmen aufzuhalten.

Dem armen Kutscher standen vor Entsetzen die Haare zu Berge und er war nicht mehr fähig, weiterzufahren. Die beiden Herren mußten den Wagen selbst nach Dießen zurückbringen.

Es heißt, daß der Mann sich sein Lebtag nicht mehr von diesem Schrecken erholt hat.

Wie Wessobrunn entstand

Herzog Tassilo III. ging einmal mit zweien seiner treuesten Ritter, namens Wesso und Tharingari, auf die Jagd. Die Herren liebten diesen Zeitvertreib sehr und durchstreiften fröhlich die ganze Gegend auf der Suche nach einem prächtigen Zwölfender. Zur damaligen Zeit aber waren die Wälder wild und unwegsam. So geschah es, daß sich die drei Waidmänner verirrten.

Trotz aller Bemühungen konnten sie den Weg zur heimatlichen Burg nicht mehr vor Einbruch der Dunkelheit finden und waren dadurch gezwungen, die Nacht im Freien zu verbringen.

»Hier wollen wir unser Lager aufschlagen«, rief Herzog Tassilo, als er einer riesigen Linde ansichtig wurde, deren mächtige Krone sich wie ein schützendes Dach wölbte.

»Das Blattwerk dieses gewaltigen Baumes ist so dicht, daß es wohl imstande ist, uns vor Wetterunbilden zu schützen. Legt euch nieder, meine Freunde, und rastet. Ich werde die erste Wache übernehmen.«

Doch die beiden Ritter gaben dies nicht zu, und Tharingari bestand darauf, die erste Wache zu übernehmen, da die beiden anderen bei der Jagd weiter geritten waren als er und daher auch mehr müde sein mußten. Da legten sich der Herzog und Wesso nieder, während der Freund bei ihnen wachte.

Tassilo fiel sofort in tiefen Schlaf und hatte einen ganz eigenartigen Traum. Deutlich sah er drei kristallklare Quellen vor sich, die aus drei verschiedenen Himmelsrichtungen entsprangen und an einer bestimmten Stelle zusammenflossen. An dem Orte aber, an dem sie sich vereinigten, sah der Herzog eine goldene Treppe, die sich schwerelos in die Höhe schwang, immer weiter und weiter. Zahlreiche Engel schwebten darauf auf und nieder. Oben aber stand der heilige Petrus und blickte gütig zu dem Schläfer herab.

»Welch seltsamer Traum«, murmelte Tassilo, als er am nächsten Morgen erwachte, »fast schien er mir Wirklichkeit zu sein, so klar habe ich alles vor mir gesehen.«

Und er erzählte seinen Freunden, was er geschaut hatte.

»Wer weiß, ob das wirklich nur ein Traum war«, meinte Tharingari nachdenklich, als der Herzog geendet hatte, »vielleicht war dies ein Fingerzeig Gottes, und es gibt diese Wasserquellen wirklich.«

»Was hindert uns, sie zu suchen«, fiel Wesso eifrig ein, »wenn es sie gibt, so müssen sie hier in der Nähe sein!«

Von der Begeisterung seiner Freunde angesteckt, machte sich Tassilo mit ihnen auf die Suche nach den drei Quellen. Und siehe da, es währte nicht lange, und Wesso hatte sie gefunden. Sie hatten genau die Kreuzesform, die der Herzog im Traum erblickt natte.

Voller Ehrfurcht knieten die drei Männer an der Stelle nieder und lobten Gott.

Und es wurde dort ein Kloster gebaut, das nach dem Entdecker der Quellen »Wessobrunn« genannt wird. Noch heute aber steht neben dem Kloster der mächtige, uralte Baum, unter dem der Herzog und seine Begleiter genächtigt hatten. Es ist dies die berühmte »Tassilolinde«.

Über die drei Quellen wurde im 16. Jahrhundert eine Halle gebaut. Die Alten wissen zu erzählen, daß in früheren Zeiten

oft schwangere Frauen eine Nacht in dieser Halle verbrachten. Sie glaubten nämlich, im Traume Andeutungen über das Schicksal des erwarteten Kindes zu erhalten.

Abt Waltho von Wessobrunn

Einst stand dem Kloster von Wessobrunn ein vorbildlicher Abt vor, der den Namen Waltho trug. Er war im Jahre 1129 zu diesem ehrenvollen Amt berufen worden und führte es durch ein Vierteljahrhundert treu und gewissenhaft aus. Seine edle Gesinnung und sein untadeliges, heiligmäßiges Leben brachten viele Leute, die ihm begegneten, auf den rechten Weg und bewogen eine Reihe vortrefflicher Männer, auch aus den höchsten Kreisen, in sein Kloster einzutreten und ein einfaches, gottesfürchtiges Leben zum Segen der Menschen zu führen.

Als Abt Waltho einst vor dem Kreuzaltar seiner Kirche stand und ehrfürchtig den Kelch hob, verwandelte sich das Wasser, das sich darin befand, vor seinen Augen in edlen, köstlich schmeckenden Wein. Der bescheidene Mann wurde von tiefster Bestürzung ergriffen und sank in die Knie. Diejenigen aber, die das Mirakel mitangesehen hatten, waren außer sich vor Staunen und Freude und lobpriesen Gott mit lauter Stimme.

Die Legende weiß zu berichten, daß der selige Abt Waltho vor und nach seinem Tode im Jahre 1155 noch zahlreiche Wunder gewirkt habe.

Das Wessobrunner Kreuz

In Wessobrunn hängt ein altes, romanisches Kruzifix, das zu früheren Zeiten von den Leuten besonders geliebt wurde. Es befand sich damals über dem sogenannten Kreuzaltar, an dem Abt Waltho einst das Wunder der Wandlung von Wasser in Wein gewirkt hatte. Dieses Bild des leidenden Heilandes konnte man, nach der Ansicht der Gläubigen, nicht von dem Altar entfernen.

Zur Zeit der Säkularisation wurde Wessobrunn einem Vetter des Ministers Montgelas, dem Chevalier De Monte, zur Verfügung gestellt. Jenen Herrn störte an dem altehrwürdigen Kloster besonders das majestätische Kruzifix über dem Kreuzaltar. Es war ihm ständig ein Dorn im Auge.

Da ließ er das Kreuz absägen und wollte es dann eigenhändig zerhacken und verbrennen, um so seinen Sieg über Christus kundzutun. Sein Kammerdiener, der ihm bei dem Zerstörungswerk behilflich sein sollte, ergriff als erster die Axt und schlug mit aller Kraft auf das Kruzifix ein.

Doch schon beim ersten Hieb zersprang die Axt und war nicht mehr zu gebrauchen. Nun versuchte der Chevalier selbst sein Glück. Doch als er sein Beil hob und zum Schlag ausholte, befiel ihn mit einem Mal eine unerklärliche, aber derart starke Übelkeit, daß er nicht mehr fähig war, ihn auszuführen. Von einer tiefen Furcht ergriffen, gab er sein Vorhaben auf.

Von da an versuchte er, das unbequeme Kreuz auf andere Weise loszuwerden, denn er empfand immer größere Angst davor. Eine alte Frau erwarb es schließlich für zwölf Scheite Holz von ihm.

Als das Kreuz, an dem noch heute der Beilhieb des Kammerdieners zu sehen ist, später wieder Einzug in die Wessobrunner Klosterkirche hielt, herrschte große Freude unter der Bevölkerung. Seither wird es, wie ehedem, hoch in Ehren gehalten und von vielen Pilgern bewundert.

Das goldene Kegelspiel

Das Kloster Wessobrunn besaß einst ein Kegelspiel von seltener Schönheit und von unschätzbarem Wert. Die einzelnen Kegel waren neun Zoll hoch und aus purem Golde gearbeitet. Auch die Kugeln bestanden durch und durch aus diesem edlen Metall.

Zur Zeit, als die wilden Kriegshorden der Hunnen das Land ärger als eine der sieben Plagen von Ägypten heimsuchten, versteckten die Mönche von Wessobrunn das kostbare Spiel. Auch den Kirchenschatz vergruben sie, wie man sagt, in einer Glocke, »dem Herrgottsglöckl«, das einen eigenartigen, wundersamen Klang hatte und bei der Bevölkerung hoch in Ehren stand.

Als die Kämpfe mit den Hunnen endlich vorüber waren und das wilde Reitervolk aus dem schönen Bayernland vertrieben war, da wußte niemand mehr, wo das goldene Kegelspiel verborgen worden war. Manche glaubten, es befände sich unter der alten Kirche oder in irgendwelchen geheimen Gängen unter dem Kloster. Andere wiederum behaupteten, es läge im »Königsbruch«, einem Steinbruch, der im Besitze der Mönche von Wessobrunn war. Niemand aber wußte wirklich Bescheid über sein Verbleiben.

Viele haben seither auf eigene Faust versucht, den kostbaren Schatz zu finden, doch keinem ist es gelungen. Ein armer Schneider, dem ein Stückchen Land neben dem Königsbruch gehörte, forschte sein Leben lang nach den berühmten Kegeln.

»Wenn ich das Spiel fände«, soll er oft gejammert haben, »dann wäre mir für immer geholfen!«

Es blieb jedoch verschollen und ist auch bis auf den heutigen Tag nicht wieder ans Licht gekommen. Und so blieb denn auch der Schneider ein armer Mann.

Die Diebesbeschwörung

Einst lebte in der Ammerseegegend ein Mann, der vom Unglück geradezu verfolgt wurde. Nicht genug, daß ihm in einer Gewitternacht sein Haus abbrannte und dabei fast sein gesamtes Hab und Gut den Flammen zum Opfer fiel; sein letzter Besitz, eine eiserne Kasette mit Geld, die er aus den rauchenden Trümmern hatte retten können, wurde ihm, als er schlief, gestohlen. Nun hatte er gar nichts mehr. Verzweifelt rannte er durch das Dorf und erzählte allen, was ihm geschehen war.

Da riet ihm eine mitleidige Frau:

»Geh doch zum Kloster Wessobrunn. Dort lebt ein Weiser, der hat schon oft gestohlene Sachen wieder beschaffen können. Er wird dir sicher raten und helfen.«

Viel versprach sich der arme Mann zwar nicht davon, doch ob er nun nach Wessobrunn ging oder anderswohin, das blieb sich gleich. So suchte er also den Genannten auf und trug ihm sein Anliegen vor. Dieser hörte ihm aufmerksam zu, sagte aber dann:

»Ich befasse mich schon lange nicht mehr mit diesen Dingen. Da mußt du dich schon an die Obrigkeit wenden!«

Nun fing der Mann zu jammern an, schilderte sein ganzes Unglück und bat den Weisen händeringend, ihm doch zu helfen. Der Alte wurde vom Mitleid gerührt und versprach, zu tun, was er könne. Hierauf ging er in ein Nebenzimmer und holte ein Stück feines Papier, auf das er einige seltsame Zeichen schrieb. Sodann faltete er es sorgsam zusammen und gab es dem Bauern mit den Worten:

»Leihe dir von deinem Nachbarn einen Wagen und fahre mit ihm vor dein abgebranntes Haus. Dort stecke diesen Zettel in die Speichen des Vorderrades, das der Türe zugewandt ist und drehe es langsam. Dabei mußt du sprechen:

'Dieb, Dieb, im Namen des Allerhöchsten, komm und bring mein Eigentum zurück!'

Sowie du zu drehen beginnst, muß der Dieb anfangen zu laufen und dir das gestohlene Geld zurückbringen. Du mußt dich aber davor hüten, das Rad aus Ungeduld zu schnell zu drehen, denn sonst muß der Dieb zu schnell laufen. Leicht kann er dann stürzen und wird so am Kommen gehindert sein.«

Der Bauer versprach, sich alles wohl zu merken, bedankte sich voll Freude bei dem Alten und kehrte zu seinem Hof zurück. Bereitwillig lieh ihm sein Nachbar den gewünschten Wagen. Dann tat er Mann, was ihm aufgetragen worden war und harrte der Dinge, die da kommen sollten.

Doch es ereignete sich nichts. Er sah keinen Dieb heranrennen, so lange er auch das Rad drehte und von seinem Gelde fand er nicht einen roten Heller. Da ging er wieder zu dem Weisen nach Wessobrunn und klagte:

»Ich habe alles getan, was du mir aufgetragen hast und doch habe ich mein Eigentum nicht zurückbekommen!«

»Hast du auch wirklich überall in deinem Haus gesucht?« fragte ihn dieser. »Das mußt du nämlich tun, denn es kann sein, daß der Dieb sich unbemerkt herbeigeschlichen hat.«

Der Mann kehrte heim, und siehe da, nachdem er eine Weile in den Trümmern seines Hofes gesucht hatte, fand er das Geld auf dem halbabgebrannten Herd. Es war in einen alten Handschuh gewickelt und von dem Dieb anscheinend durch den Kamin geworfen worden.

Jubelnd eilte er sogleich nach Wessobrunn um dem Weisen zu danken und ihm einen Lohn für seine Mühe zu geben. Der aber weigerte sich, auch nur das Geringste für seine Hilfe anzunehmen.

»Du brauchst das Gold notwendig für den Aufbau deines Hauses«, meinte er lächelnd und schickte ihn wieder heim.

Die feurigen Männchen

Früher erzählten die alten Leute viel von den feurigen Männchen. Sie sollen den ganzen Ammersee entlang, von Seefeld über Herrsching bis hinauf nach Fischen ihr Unwesen getrieben haben. Ob es verwunschene Menschen voller Feuer oder arme Seelen waren, die ihre Sünden verbüßten, wer weiß es?

An den Samstagen wurden sie besonders häufig gesehen. Da kamen die Bauern aus der ganzen Umgebung beim Wirt in Dießen zusammen. Sie tranken dort ein paar nach den Mühen der Woche wohlverdiente Maß Bier und besprachen wichtige Begebenheiten aus den einzelnen Ortschaften.

Vor dem Heimweg graute ihnen meist ein wenig, denn dann zeigten sich fast immer die feurigen Männchen. Sie erhoben sich aus dem Moor neben dem See und wirbelten durch die Luft, daß sie aussahen wie brennende Räder. Oft versammelten sie sich auch auf den alten Eichen und rauften dort oben miteinander, daß die Funken nur so stoben.

Wenn sie davon genug hatten, sprangen sie herunter und begleiteten die Bauern nach Hause. Sie tanzten um sie herum, schlugen Purzelbäume und trieben allerlei Schabernak, daß diesen angst und bange wurde. Niemals aber griffen sie die Menschen an oder fügten ihnen Schaden zu. Da verloren die Leute mit der Zeit ihre Furcht vor den kleinen Geistern und nahmen sie als selbstverständliche Erscheinungen hin.

Auch bei Pähl, bei Raisting und bei vielen anderen Dörfern am Ammersee sind die feurigen Männchen gesehen worden.

Die aufgeklärten, jungen Leute heutzutage behaupten zwar, daß diese nur Ausdünstungen des Moores seien, die von den berauschten Bauern für Gespenster gehalten worden wären, aber diejenigen, die ihnen selber begegnet sind, sind überzeugt davon, daß die jungen Besserwisser nicht recht haben und daß es wirklich Gespenster waren, eben solche, die den Menschen nichts taten. Und, es müssen ja nicht alle Gespenster böse sein, oder?

Die Geistermesse

Zwei brave Bauern von St. Georgen gingen einmal spät in der Nacht nach Hause. Als sie an der Kirche des Ortes vorüberkamen, bemerkten sie zu ihrem Erstaunen, daß diese hell erleuchtet war.

»Ja, was ist denn da los?« fragte der eine. »Hält unser Herr Pfarrer etwa jetzt noch eine Andacht?«

»Es scheint so«, meinte sein Begleiter, »höre nur, die Orgel spielt ja auch!«

Sie blieben eine Weile stehen und sahen kopfschüttelnd auf das Gotteshaus.

»Nun ja, unser Herr Pfarrer ist eben ein frommer Mann«, stellte der erste daraufhin achselzuckend fest und schickte sich an, weiterzugehen. Sein Freund aber hielt ihn am Arm fest und sagte nachdenklich:

»Ich weiß nicht, mir kommt die Sache nicht ganz geheuer vor. Warte hier auf mich!«

Er schlich sich zur Kirchentüre und versuchte sie zu öffnen. Doch sie war von innen versperrt.

»Es ist abgeschlossen«, rief er aufgeregt, »das geht nicht mit rechten Dingen zu! Der Herr Pfarrer sperrt doch nicht ab, wenn er eine Andacht hält!«

»Irgend etwas stimmt da nicht«, gab ihm sein Begleiter recht, »ich glaube, wir müssen nachsehen, was los ist. Wer weiß, vielleicht sind Räuber in unserer Kirche und plündern sie in aller Ruhe aus!«

Sie berieten kurz, wie sie in das versperrte Gotteshaus gelangen könnten. Dann holten sie von dem Hof neben der Kirche eine lange Leiter, lehnten sie an die Mauer und der Beherztere der beiden Bauern kletterte hinauf, um beim Fenster hineinzuschauen, während der andere die Leiter hielt.

Kaum aber hatte der eine einen Blick in den hellerleuchteten Innenraum geworfen, da stieß er einen Schrei aus und stieg so rasch die Leiter herunter, daß er oftmals die Sprossen verfehlte und mehr fiel als stieg. Totenbleich und an allen Gliedern zitternd, gelangte er endlich bei seinem Freund an.

»Was ist mit dir? Was hast du in der Kirche gesehen? So rede doch endlich!« forderte dieser aufgeregt.

Der andere aber antwortete nicht. Heftig atmend preßte er eine Hand auf sein Herz und versuchte erst krampfhaft, seinen Schrecken zu überwinden und sich ein wenig zu beruhigen. Dann berichtete er mit stockender Stimme:

»Die ganze Kirche ist voll von Menschen, von denen ich nicht einen einzigen kenne. Es sind lauter uralte Männer mit eisgrauen Bärten, die so lang sind, daß sie fast darauf treten. Auf ihren Köpfen haben sie eigenartige Hüte mit drei Stufen. Ich habe noch nie solche Hüte gesehen.«

»Weiter, weiter«, drängte sein Freund in ängstlicher Neugier, als der Erzähler eine kleine Pause machte, um sich des Grauens zu erwehren, das ihn bei seinem Bericht von neuem befiel.

»Die alten Männer sind in einer langen Reihe feierlich immer wieder um den Altar herumgeschritten und haben dabei höchst seltsame Weisen gesungen. Länger habe ich nicht zugeschaut«, fügte er hinzu, »denn mit einem Mal hat mich eine ganz eigenartige Furcht befallen, die mich zwang, umzukehren. Und ich bin doch, bei Gott, kein Angsthase!«

»Das ist eine Geistermesse, die du da gesehen hast«, flüsterte der andere und seine Stimme war heiser vor Entsetzen. »Komm, wir wollen schnell fort von hier, solange wir noch können!«

So rasch sie konnten, verließen die beiden Bauern den Ort dieser grausigen Begegnung.

Als sie am nächsten Morgen erzählten, was ihnen in der Nacht zugestoßen war, erfuhren sie von solchen, die es wissen mußten, daß sie die Seelen derer gesehen hätten, für die keine Jahrmessen mehr gelesen würden. Diese sollen in St. Georgen so oft umgegangen sein, bis alle nachgeholt waren. Erst dann hätten die armen Seelen Ruhe gegeben.

Die Meerfräulein und der Hakenmann

Die Dießener waren früher felsenfest davon überzeugt, daß der Ammersee irgendwie durch eine unterirdische Wasserader mit dem Meer verbunden sein müsse. Wie anders, meinten sie, sei es sonst zu erklären, daß es im Ammersee Meerfräulein gebe?

Diese Meerfräulein sind, laut Sage, besonders häufig im vorigen Jahrhundert gesehen worden. Es sind zarte Geschöpfe mit langen Haaren, die bis zur Brust wie Frauen und von da abwärts wie große Fische ausschauen. Sie sind gutmütig und freundlich und fügen keinem Menschen Schaden zu. Des Nachts hat man sie oft vom See her seltsame, wenngleich wunderschöne Lieder singen hören.

In der Herrschinger Gegend will eine ganze Schulklasse am hellichten Tag einmal solch ein Meerfräulein auf- und untertauchen gesehen haben.

In dem Bach, der durch den Markt Dießen fließt, haust, so wissen uralte Bewohner des Ortes zu erzählen, der Hakenmann. Das ist, im Gegensatz zu den freundlichen Meerfräulein, ein böser Wassergeist. Mit einem langen, dreizackigen Stab gabelt der wüste Geselle seine Opfer auf, zieht sie unter Wasser und ertränkt sie. Viele Menschen, besonders Kinder sollen durch dieses schlimme Gespenst schon den Tod gefunden haben.

Maria Schnee in Bischofsried

Nahe bei Dießen, in Bischofsried, steht eine schöne Kapelle aus dem 17. Jahrhundert. Darin hängt ein Bild, auf dem die Hl. Gottesmutter als »Maria Schnee« mit einer Fülle goldblonder Locken dargestellt ist. Über die Entstehung dieser Kirche erzählt man sich folgende Geschichte:

Als die Schweden im dreißigjährigen Krieg Bayern heimsuchten, hatte besonders die Landbevölkerung furchtbar unter ihnen zu leiden. Da gab eine fromme Bäuerin aus Bischofsried in ihrer Angst der Himmelskönigin das Versprechen, eine Kapelle zu errichten, wenn die Feinde ihren Hof verschonen würden. Einige andere Bewohner des Dorfes schlossen sich diesem Gelöbnis an.

Und die Lb. Madonna half. Als die Schweden diese Gegend heimsuchten, zogen sie an Bischofsried vorüber, ohne es zu bemerken. Es herrschte nämlich ausgerechnet an diesem Tage ein solch dichter und undurchdringlicher Nebel, daß die Höfe der Ortschaft vollkommen eingehüllt waren. Die Bewohner verhielten sich ganz still und wurden so wunderbar von der schrecklichen Plage des Feindes errettet.

Voll Dankbarkeit gingen die Bauern bald nach Ende des Krieges daran, ihr Versprechen einzulösen. Nun wußten sie aber nicht, an welchen Platz sie die Kapelle stellen sollten. Da baten sie die Hl. Muttergottes, ihnen den Ort kundzutun, an dem sie das Gotteshaus wünsche.

Und siehe da, mitten im Winter fiel, zum höchsten Erstaunen aller, auf einem kleinen Hügel bei Bischofsried plötzlich roter Schnee. Nun zögerten die Bauern nicht länger und erbauten an dieser Stelle die Kapelle. Aus einem alten Silberschatz, den sie einst im Ort gefunden hatten und der niemandem gehörte, ließen sie eine wunderschöne, silberne Glocke gießen und hängten sie darin auf.

Die Kirche steht noch heute, die Glocke aber ist verschwunden. Vielleicht wurde sie während eines späteren Krieges geraubt, oder in Notzeiten verkauft. Niemand weiß es.

Der Drachentöter von Dießen

In Dießen hauste vor Zeiten ein Ritter namens Radhold. Er war von riesenhaftem Wuchs, stark wie ein Bär und häßlich wie die Nacht. Und so häßlich, wie sein Gesicht, so häßlich war auch seine Seele. In weitem Umkreis war er wegen seiner Wildheit und seiner Händelsucht gefürchtet und er galt als der grausamste und rücksichtsloseste Kämpfer im ganzen Land. Zudem führte er mit gottlosen Kumpanen und liederlichen Frauenzimmern ein ausschweifendes, lasterhaftes Leben.

In der Nähe, auf dem Eichberg bei Rott, wohnte ein alter, adeliger Herr mit seiner Tochter, die schön und fromm wie ein Engel war. Das Unglück wollte es, daß sich in jener Zeit ein grauenerregender Drache in einer Schlucht, nicht weit von seiner Burg, einnistete. Er war so scheußlich anzusehen, daß jedem, der ihn erblickte, das Herz vor Schrecken stehenblieb. Und er war so gefräßig, daß kein Tag verging, an dem er nicht Menschen oder Tiere überfiel, sie tötete und mit einem einzigen Schnappen in seinen nimmersatten Bauch hinabschlang.

Immer schlimmer trieb es das Ungeheuer, bis sich die Leute aus Furcht vor ihm kaum mehr aus ihren Häusern wagten.

Der Burgherr auf dem Eichberg war zu alt, um den Kampf mit dem Drachen wagen zu können. Deshalb sandte er eine Botschaft an alle Ritter im Umkreis und bat sie, ihm in seiner

Not beizustehen. Demjenigen, dem es gelingen würde, das Untier zu töten, wollte er seine liebliche Tochter zur Gemahlin geben.

»Das ist eine Sache für mich!« gröhlte Radhold, der gerade mit seinen Kumpanen zechte, als er diese Nachricht erhielt.

»Zuerst habe ich ein lustiges Abenteuer mit einem Drachen, und wenn es vorüber ist, gehört mir obendrein das schönste Mädchen weit und breit. Heja, welch einen Spaß werde ich haben!«

»Du bist ein Glückspilz, Radhold!« beglückwünschten ihn lachend seine Freunde. Keiner von ihnen zweifelte, daß es dem Dießener gelingen würde, das Ungeheuer zu besiegen, denn sie kannten alle sein unglaubliches Geschick im Kampfe und seine Bärenstärke.

Schon am nächsten Morgen rüstete sich der wilde Ritter mit seinem Harnisch, packte sein Schwert und sprengte auf seinem Pferd zu der besagten Schlucht. Laut brüllend und stinkend wie die Pest, wälzte sich ihm der Drache entgegen. Ohne sich auch nur im mindesten vor seinem grauenhaften Anblick zu erschrecken, drang Radhold auf ihn ein und schlug ihm mit einem einzigen Hieb einen seiner Köpfe ab.

Da schrie der Lindwurm vor Schmerz so laut auf, daß die Felsen ringsum erzitterten. Und er peitschte mit seinem Schwanz den Boden, daß die Erde wie eine dichte Wolke um ihn herum aufwirbelte.

Das aber war ein Vorteil für den Ritter, den dieser kaltblütig ausnützte. Vor lauter Staub konnte der Drache Radhold nicht sehen, als er zum zweitenmal anstürmte und ihn abermals um einen Kopf kürzer machte. Geschickt zog sich der Dießener sodann hinter einen Felsen zurück und wartete auf eine Gelegenheit, das tobende Ungeheuer ganz unschädlich zu machen.

Der Augenblick dazu war bald gekommen, denn der Drache verlor aus seinen schrecklichen Wunden so viel seines Lebenssaftes, daß er immer schwächer und schwächer wurde. Da sprang der tollkühne Ritter aus seinem Versteck hervor und stieß ihm sein Schwert mitten in sein Herz. Mit einem letzten Aufbäumen sank das Untier in sich zusammen und war tot.

Nun packte Radhold eines der bluttriefenden Häupter, warf sich auf sein Roß und sprengte mit seiner schaurigen Beute zur Burg auf dem Eichberg. Dort trat er vor den Schloßherren und dessen Tochter, hielt ihnen den Drachenkopf vor die entsetzten Gesichter und verkündete prahlend:

»Ich, Radhold von Dießen, habe den Lindwurm getötet! Nun seid Ihr mein, schönste Maid! Gebt Eurem Bräutigam zum Lohne einen Kuß!«

Das arme Mädchen war angesichts des häßlichen Riesen, der über und über mit Blut besudelt war, bleich wie die Wand geworden. Angeekelt wich es zurück und warf sich dann seinem Vater zu Füßen. Unter Tränen flehte es ihn an, sie doch nicht diesem Rohling auszuliefern, dessen schlimmer Ruf sogar bis in ihre stillen Gemächer gedrungen war.

Aber noch ehe der alte Mann antworten konnte, rief der Ritter mit höhnischem Lachen:

»Ha, Euer Sträuben nützt Euch nichts, edles Fräulein. Euer Vater hat sein Wort verpfändet! Ich bin gekommen, es einzulösen und ich will nicht lange warten!«

Er beugte sich zu der Weinenden hinunter und zog sie grob in die Höhe. Als sie sich verzweifelt wehrte, grinste er und sprach:

»Bin ich mit dem Drachen fertig geworden, so werde ich auch mit Euch fertig, mein Täubchen, Ihr werdet schon sehen!«

Da aber entrissen ihm die Knechte des Schloßherren das zitternde Mädchen und der alte Ritter rief laut, wobei seine Stimme vor Empörung bebte:

»Wohl habe ich mein Wort gegeben, meine Tochter dem Drachentöter zu vermählen. Doch ich werde lieber wortbrüchig, als das reine Kind solch einem wilden Gesellen und wüsten Rohling wie Euch, Radhold von Dießen, zu überantworten.

Wäre ich Euch, Eurer mutigen Tat wegen, nicht zu Dank verpflichtet, so hätte ich Euch, auf Grund Eures unverschämten, eines edlen Ritters nicht würdigen Benehmens, schon lange aus der Burg gewiesen. Fordert einen anderen Lohn! Meine Tochter bekommt Ihr niemals zur Frau!«

Weiß vor Wut und zähneknirschend vernahm der wilde Mann diese Rede:

»Ich will aber keinen anderen Lohn!« schrie er zornig, als der alte Herr zu Ende gesprochen hatte. »Ich will Eure Tochter und ich werde sie auch bekommen, ob Euch das paßt oder nicht!«

Bei diesen drohenden Worten machte er auf dem Absatz kehrt und verließ schnaubend vor Wut das Schloß. Er ritt aber nicht heim nach Dießen, sondern sprengte nur ein Stück des Weges entlang, gerade so weit, bis er nicht mehr beobachtet werden konnte. Dann suchte er sich ein Versteck im Walde. Finstere Rachegedanken wälzend, wartete er hier auf eine Gelegenheit, das schöne Mädchen in seine Gewalt zu bekommen.

Nach drei Tagen endlich schien das Glück ihm hold zu sein. Er sah das Edelfräulein, nur von einer Dienerin begleitet, von der Burg heruntersteigen. Die junge Dame wollte, wie es ihre Gewohnheit war, in das Dorf am Fuße des Eichberges gehen, um die Kranken zu besuchen, ihnen Trost zuzusprechen und ihnen Heilkräuter zu bringen.

Fröhlich plauderten die beiden Mädchen miteinander, als sie am Versteck des wilden Ritters vorüberkamen. Dieser machte sich schon bereit, gleich einem Raubtier mit einem Satz herauszuspringen, das Edelfräulein zu packen und zu entführen, als zufällig die Dienerin in seine Richtung schaute. Entsetzt erkannte sie den Feind und schrie auf:

»Herrin, rettet Euch, der schreckliche Radhold lauert Euch auf!«

Die schöne Edeldame begriff augenblicklich die Gefahr, in der sie schwebte. Sie zögerte nicht lange, sondern schürzte ihren langen Rock ein wenig, damit er sie nicht beim Laufen behinderte, und sprang leichtfüßig wie ein Reh davon. So schnell sie es vermochte, folgte ihr die treue Dienerin. Die Angst beflügelte die Schritte der beiden und es gelang ihnen, dem schwerfälligen Riesen zu entkommen.

Listig schnitt dieser ihnen den Weg zur Burg zurück ab, aber sie kannten etwas weiter unten im Wald eine feste Blockhütte. In diese flüchteten sie sich und verriegelten rasch Fenster und Türen.

Als der Ritter endlich, schnaufend wie ein Walroß, anlangte, war ihm der Zutritt verwehrt. Vergebens rammte er mit seinen mächtigen Schultern das verschlossene Tor. Es war stark und gut gebaut und bot seinen Angriffen Trotz. Da packte ihn blinde Wut.

»Ihr freut Euch zu früh«, brüllte er mit fürchterlicher Stimme, »ich werde es Euch schon zeigen! Freiwillig werdet Ihr mir öffnen, edles Fräulein, denn ich werde Euch und Eure Dienerin ausräuchern wie Ratten!«

Und er schleppte riesige Arme voll dürren Reisigs herbei, häufte ihn um das Blockhaus und zündete ihn an. Mit einem bösen Lächeln in seinem häßlichen Gesicht beobachtete er, wie sich die Flammen durch das trockene Geäst fraßen und gierig an der Hütte emporzüngelten. In kurzer Zeit war die Zufluchtsstätte der Verfolgten von einem lodernden Flammenkreis umgeben.

Die armen Mädchen wurden blaß vor Schrecken, als sie sahen, was der Bösewicht vorhatte. Sie warfen sich auf die Knie und flehten mit zitternden Stimmen den Himmel um Beistand an.

Radhold von Dießen aber wollte sich schier ausschütten vor Lachen, als er das hörte, und er spottete:

»Wie schön und rührend Ihr beten könnt, edles Fräulein! Betet nur, betet nur, so lange Ihr wollt! Das wird Euch auch nichts nützen!«

»Der Herr wird uns beschützen und uns aus Eurer Hand erretten«, rief das fromme Mädchen, ließ sich nicht irremachen und fuhr fort, Gott um Hilfe zu rufen.

Und siehe da, mit einem Mal ließ ein dumpfes Grollen die Luft erzittern. Die Sonne, die noch eben strahlend vom Himmel gelacht hatte, wurde plötzlich von schweren, schwarzen Wolken verdunkelt, die sich in Windeseile zusammenballten. Kurz darauf prasselte ein sintflutartiger Regen in die Flammen und brachte sie im Handumdrehen zum Verlöschen.

Da erfaßte ein heiliger Schrecken den wüsten Recken. Voller Furcht blickte er zu dem zürnenden Himmel auf und bekreu-

zigte sich. Dann sprang er auf, suchte sein Pferd und jagte davon.

Die beiden Mädchen dagegen jubelten vor Freude über ihre Rettung. Frohen Herzens dankten sie Gott und kehrten alsdann in ihre sichere Burg zurück.

Radhold von Dießen aber ließ fortan, geschreckt durch dieses Wunder, das schöne Edelfräulein vom Eichberg in Frieden.

Gräfin Mechthild

Mechthild, die 1125 geborene Tochter des Grafen Bertold II. von Dießen, sowie seiner Gattin Sophie, ist die Stammheilige des Ortes. Die schöne, junge Gräfin mit den berühmten Goldhaaren trat schon früh in das Dießener Kloster, in dem sie nach dem Tode ihrer Mutter erzogen worden war, als Stiftsdame ein.

Sie führte ein genügsames und heiligmäßiges Leben. Es heißt, daß sie niemals Fleisch gegessen oder Wein getrunken habe. Einst sollte sie, auf Wunsch Kaiser Barbarossas, der ein entfernter Verwandter von ihr war, beim Hof zu Regensburg erscheinen. Obwohl sie es nicht gerne tat, fügte sie sich dem Willen des Landesherren und begab sich mit ihren Rittern, Dienerinnen und allen Begleitpersonen, die ihr wegen ihres adeligen Ranges zukamen, in die alte Donaustadt. Der ganze Hof geriet in Erstaunen über die Schönheit und Majestät der jungen Äbtissin, als sie hoch zu Roß einzog.

Doch obgleich sie sich so weit als möglich den Hofsitten anpaßte, ließ sie von ihrem asketischen Leben nicht ab. Bei allen Gastmählern, bei denen ihre Anwesenheit gefordert wurde, bestand sie fest darauf, nur Wasser anstatt Wein zu trinken und sie lehnte jegliche Fleischspeisen ab.

Der Ritter, der sie bediente, war ihr treu ergeben und achtete diesen Wunsch. Er legte ihr nur Mehlspeisen, Salate, Gemüse und andere fleischlose Gerichte vor und reichte ihr dazu reines Quellwasser. Dennoch mußte er sich auch einmal den Tadel

Mechthilds gefallen lassen, denn als sie von dem Trank, den er ihr gebracht hatte, kostete, stellte sie verwundert fest, daß er wie Wein schmeckte. Und auch die Speisen, die sie zu sich nehmen wollte, hatten Fleischgeschmack.

Der Ritter, der sich keiner Schuld bewußt war, lief vor ihren und der anderen Gäste Augen abermals zum Brunnen, damit alle sehen konnten, daß er wirklich Wasser holte. Als aber Mechthild davon trank und auch einigen der Anwesenden zu kosten gab, war das Wasser wiederum zu Wein geworden.

Noch ein drittes Mal ging der Mundschenk zum Brunnen. Dieses Mal wurde er von unbestechlichen Rittern des kaiserlichen Hofes begleitet und brachte das Wasser unter deren strenger Aufsicht zu seiner Herrin. Wieder aber war es reiner Wein.

Da verließ die Äbtissin eiligst Regensburg, denn sie wollte nicht, daß dieses Wunder bekannt würde. Die Hofleute jedoch, die Zeugen des Vorfalles gewesen waren, glaubten, daß es ein Zeichen des Herrn gewesen wäre, durch das er kundgetan habe, wie teuer ihm die treue Dienerin sei.

Noch viele andere Legenden knüpfen sich um die Gestalt der schönen Dießener Gräfin. So soll sie eine alte Nonne von einer unheilbaren Augenverletzung befreit haben und ein armes, besessenes Mädchen aus den Banden des Teufels gelöst haben.

Im blühenden Alter von 35 Jahren starb Mechthild. Unter großer Anteilnahme der Bevölkerung wurde sie in Dießen aufgebahrt. Da trat ein einfacher Mann vor den offenen Sarg und kniete nieder. Seit geraumer Zeit litt er unter derart schrecklichen Kopfschmerzen, daß er meinte, es nicht länger ertragen zu können. Flehentlich bat er die Verstorbene, doch bei Gott Fürbitte für ihn einzulegen, auf daß er von dieser Qual befreit würde. Dabei neigte er ehrfürchtig sein Haupt, bis es das der Toten berührte.

Noch im gleichen Augenblick, so heißt es, wurde er für immer von seinem Leiden befreit.

Seit diesem Tag gilt Mechthild als die Heilige, die bei Kopfschmerzen angerufen werden soll. Von dem Tuffstein, der ihr einst zur Askese als Lagerstätte für ihr Haupt gedient hatte und der in der neuen Klosterkirche neben dem Taufbecken eingemauert worden war, schabten die Menschen, die von Kopfweh geplagt wurden, noch bis in die jüngste Zeit etwas Staub ab und banden sich diesen in einem Tuch um die Stirne. Er sollte die lästigen Beschwerden vertreiben.

Eine Quelle, die am Burgberg von Dießen entspringt und Mechthildenbrunnen heißt, soll besondere Heilkraft gegen Augenleiden haben.

Mechthild galt auch als Schutzheilige bei Gewittern. Man zündete dann die dicken Kerzen an, die an ihrem Grabe standen.

Sogenannte »Mechthildenkränzchen«, die aus Kräutern gefertigt waren und mit denen sie die Gebeine der Heiligen berührt hatten, vergruben die Bauern zu früheren Zeiten auf ihren Äckern. Das sollte sie vor Hagelschlag bewahren.

Das wunderschöne, goldblonde Haar wurde der Äbtissin nach ihrem Tode abgeschnitten und in einer Kapsel in die Wetterglocke von Dießen eingeschmolzen. Immer wenn schwere Unwetter im Anzug waren, läutete man sie aus Leibeskräften. Es werden viele Geschichten über die tatsächliche Wirksamkeit dieser berühmten Glocke berichtet. Als sie im Jahre 1827 beim Brand des Kirchturmes schmolz, kamen die Haare der Heiligen unversehrt daraus zum Vorschein. Sie sind aber später verloren gegangen.

Bis auf den heutigen Tag wird die heilige Mechthild von der Bevölkerung Dießens geliebt und hoch verehrt.

Die verschlossene Kirchentüre

Die Mutter der Stiefschwester der heiligen Mechthild, Kunigunde oder Cunissa, wie sie damals in höfischen Kreisen genannt wurde, starb ebenfalls wie diese im Rufe der Heiligkeit. Sie war mit Friedrich II. von Dießen verheiratet, der auf einer Pilgerfahrt ins Heilige Land ums Leben kam.

Die junge Witwe baute in Dießen ein Kloster und eine Kirche, die dem Hl. Stephan geweiht war. Die Legende berichtet, daß Cunissa, die in dem nahegelegenen Schloß zu Wengen wohnte, täglich um Mitternacht, von einer Dienerin begleitet, in das Gotteshaus kam, um der Mette beizuwohnen.

Jedesmal, so heißt es, habe sich die Kirchentüre wie von unsichtbarer Hand vor ihr selbst geöffnet, um die einzulassen. Eines Nachts aber war der Pfad vom Schloß herab, durch einen starken Regenguß glitschig und gefährlich geworden. Da nahm die edle Dame einen Pfahl aus dem Zaun am Weg, um sich darauf zu stützen und nicht auszugleiten.

Als sie endlich bei der Kirche ankam, tat sich zu ihrer Verwunderung die Türe nicht wie sonst auf. Auch alle Versuche Cunissas, sie zu öffnen, waren vergeblich. Sie blieb verschlossen, obwohl in der Kirche schon der Gottesdienst gefeiert wurde.

»Ich habe etwas getan, was nicht recht war«, sprach die Heilige daraufhin zu ihrer Dienerin, »darum zürnt mir der Himmel. Ich habe, ohne um Erlaubnis zu bitten, einfach fremdes Eigentum an mich genommen. Ich will gehen und alles wieder in Ordnung bringen.«

Reumütig kehrte sie um und trug den Zaunpfahl an seinen Platz zurück. Und siehe da, als sie wieder zur Kirche kam, war das Tor wie immer geöffnet und der Eintritt in das Gotteshaus wurde ihr nicht länger verwehrt.

Die Klopfzeichen aus dem Sarg

Die dritte der vier Töchter des Grafen Bertold II. von Andechs, Dießen und Plassenburg, namens Euphemia, fühlte sich, ebenso wie ihre Schwestern Mechthild und Kunigunde, zum zurückgezogenen Leben in einem Kloster berufen. Sie trat als einfache Nonne in das Kloster Altomünster ein.

Als die dortige Äbtissin, Hiltrudis II., verstarb, wurde sie als deren Nachfolgerin eingesetzt. Lange Jahre übte sie dieses Amt zum Segen ihrer Umwelt aus und führte ein frommes, heiligmäßiges Leben. Nach ihrem Tode wurde sie nach Dießen überführt und neben ihrer berühmten Schwester Mechthild zur letzten Ruhe gebettet.

Von Euphemia berichtet die Sage, daß sie von Zeit zu Zeit vernehmlich an die Wände ihres Sarkophages klopft. Dadurch will sie, so glauben die Leute, die Lebenden immer wieder daran erinnern, daß ihre beiden Schwestern, Kunigunde und Mechthild, schon lange heiliggesprochen sind, während man anscheinend vergessen habe, ihr die gleiche Ehre zu erweisen.

Das duftende Grab

Radhard von Dießen erbaute im Jahre 815 die Kirche und das Kloster von St. Georgen. Nach seinem Tode wurde er auch dort bestattet. Als um 955 die Hunnen mordend und brennend duch Bayern zogen, teilte St. Georgen das Schicksal vieler Gotteshäuser und wurde ein Raub der Flammen.

Viele Jahre später, um 1020, machten sich zwei Priester, namens Ulrich und Albert, daran, die zerstörte Kirche wieder aufzubauen. Bei den Grabungen für das Fundament stießen die Arbeiter auf einen großen, behauenen Stein, den sie nicht von der Stelle bewegen konnten, obwohl alle mit Hand anlegten.

Da lief einer von ihnen zu den geistlichen Herren und berichtete ihnen davon. Ulrich begab sich sogleich an den betreffenden Platz, um ihn in Augenschein zu nehmen.

Seine Leuten zeigten ihm, wie sie sich vergeblich mühen mußten. Da kniete er sich mit ihnen nieder und betete mit ihnen um Hilfe. Sodann versuchte er alleine, den Stein zu heben. Und siehe da, was unmöglich geschienen hatte, gelang ihm so leicht, als hätte der zentnerschwere Brocken kaum ein Gewicht.

Darunter aber kam der Leichnam des heiligen Radhard, der das Kloster gestiftet hatte, zum Vorschein. Wider alle Vernunft entströmte dem Grab ein lieblicher Duft und es ereigneten sich eine Reihe seltsamer Dinge.

Seit der Zeit wurde Radhard vom Volke sehr verehrt und viele Kranke machten Wallfahrten zu seinem Grab, in der Hoffnung auf Heilung.

Später wurden die Reliquien nach Dießen überführt und nur ein kleiner Teil davon blieb in St. Georgen, weil die Bevölkerung dort auf ihren geliebten Heiligen nicht ganz verzichten wollte.

Das Kreuz von Dießen

In der kleinen Ratgeberkapelle bei Dießen hängt ein selten schönes Barockkreuz. Es soll eine Arbeit des bekannten Bildhauer Thomas Schaidthauf aus Raisting sein. Dieses herrliche Kunstwerk war so berühmt, daß König Ludwig I. seinetwegen nach Dießen kam, um es mit eigenen Augen zu sehen.

Der Ausdruck des Antlitzes Christi ist von ergreifender Eindringlichkeit, und es ist kein Wunder, daß die Einheimischen dieses Kreuz besonders verehren und schon manche Legende um es gewoben haben.

Es heißt, daß der Heiland, der früher im Refektorium des ehemaligen Augustiner- Chorherrnstiftes von Dießen hing, bei der Einweihung der Kapelle, in die er dann überführt worden war, seinen rechten Fuß ein wenig in die Höhe gezogen habe. Auch soll er, so wissen manche Leute zu erzählen, von Zeit zu Zeit seine Augen bewegen und umherschauen, so als sei Leben in ihm.

Die weinende Madonna von Dießen

Über dem Eingangstor der Klosterkirche von Dießen ist ein zartes Madonnenbild aus Alabaster angebracht. Es soll, so heißt es, nach den Zügen der Kurfürstin Amalia von Bayern, die oft und gerne am Ammersee weilte, gemeißelt worden sein.

Das Kunstwerk entspricht ganz dem Zeitgeschmack des Barocks. Daran aber nahm ein besonders strenger und frommer Bischof Anstoß. Er empfand es als zu irdisch und daher nicht würdig genug für ein Bild der lieben Gottesmutter. Darum ordnete er kurzerhand die Entfernung der so weltlichen Madonna an.

Doch als das Bild von seinem Platz an der Kirche herabgeholt werden sollte, da geschah etwas Unerwartetes. Dicke Tränen perlten mit einem Mal über das zarte Antlitz Mariens. Angesichts dieses Wunders brachten es die Leute nicht über sich, den Befehl des Bischofs zu befolgen. Als der Kirchenfürst von der seltsamen Begebenheit erfuhr, nahm auch er Abstand von seinem Vorhaben.

So befindet sich das schöne Madonnenbild bis auf den heutigen Tag an der Außenseite der Kirche. Und wenn man es ganz genau betrachtet, so kann man noch immer die Spuren sehen, welche die Tränen darauf hinterlassen haben.

Der Grenzpfahlversetzer von Dießen

Es wird schon etwa hundert Jahre her sein, da war es auf dem Martinsfeld bei Dießen nicht ganz geheuer. Nacht für Nacht sahen die Leute dort ein eigenartiges, geheimnisvolles Licht. Es huschte hierhin und dahin, so, als suchte es verzweifelt nach irgend etwas Unbekanntem, das im Boden verborgen war. Und es war eine geisterhafte Stimme zu hören, die jedem, der sie vernahm, kalte Schauer über den Rücken jagte, so unirdisch und jammervoll klang sie. Wer genau lauschte, konnte die Worte, die sie in einem fort seufzte, verstehen:

»Wo soll ich ihn hintun? Wo soll ich ihn hintun?«

Die Leute munkelten, daß es sich bei diesem Gespenst um einen verstorbenen Bauern handelte, der zu seinen Lebzeiten einen Grenzpfahl ausgegraben hatte und so sein Land auf unrechtmäßige Art und Weise vergrößert hatte. Das war in jenen

Tagen, wo es kaum eine Landvermessung gab, eine häufige Art des Diebstahls, weil sie sehr schwer nachzuweisen war.

Solche Missetäter aber mußten, nach dem Glauben der Leute, wenn sie schon im irdischen Leben nicht zur Rechenschaft gezogen werden konnten, als ausgleichende Gerechtigkeit nach ihrem Tode umgehen.

So soll es auch mit der armen Seele auf dem Martinsfeld gewesen sein. Lange Zeit hallte jede Nacht ihre verzweifelte Frage durch die Stille:

»Wo soll ich ihn hintun? Wo soll ich ihn hintun?«

Dies währte so lange, bis es einem braven Bürger von Dießen zu dumm wurde. Und weil er ein beherzter Mann war, der sich nicht vor Gespenstern fürchtete, antwortete er einmal, als wieder der schaurige Ruf ertönte, ungehalten:

»So tue ihn halt dorthin, wo du ihn hergenommen hast!«

»Vergelte es dir Gott, daß du mich erlöst hast!« klang da die Geisterstimme frohlockend zu ihm herüber und im gleichen Augenblick verschwand auch das Irrlicht.

Seit der Zeit hat es niemand mehr gesehen und ebenso ist das Rufen für immer verstummt.

Der Schatzberg bei Dießen

In grauer Vorzeit stand auf einem Berg bei Dießen eine gewaltige Burg. Sie war ganz von hohen Bäumen und wildem Gestrüpp umschlossen. Dort wohnten drei junge Mädchen von zauberhafter Schönheit. Zwei von ihnen hatten eine Haut so weiß und rein, wie frischgefallener Schnee. Die dritte aber, obwohl von Gestalt und Antlitz genauso anmutig wie ihre Schwestern, war schwarz wie die Nacht.

Eines Tages weidete ein Hirt in dieser Gegend seine Schafe. Da geschah es, daß sich eines von ihnen verlief. Er ließ die Herde unter der Obhut seiner Hunde zurück und machte sich auf die Suche nach dem verlorenen Tier. Weil der junge Mann aber die Gegend nicht kannte, geriet er immer tiefer in den undurchdringlichen Wald und hatte sich nach kurzer Zeit völlig verirrt. Er war daher sehr erleichtert, als er plötzlich vor einem riesigen, grauen Gemäuer stand.

»Hier wohnen Menschen, die ich nach dem Weg fragen kann«, dachte er und machte sich daran, die Eingangspforte zu suchen. Da stand mit einem Mal ein Mädchen neben ihm, das von Kopf bis Fuß schwarz war. Er erschrak zutiefst, denn er hatte es nicht kommen hören und hatte zudem noch nie einen Menschen mit so dunkler Hautfarbe gesehen. Aber als sie ihn mit sanfter, lieblicher Stimme anredete, schwand seine Furcht und er vernahm mit großem Erstaunen, was sie ihm sagte.

»Fremdling«, sprach sie, »wie dankbar bin ich dem Geschick, das dich hierher geführt hat. Vielleicht bist du zu meiner Rettung gesandt worden. Wisse, ich war nicht immer so schwarz, wie du mich jetzt vor dir siehst Auch ich war einst so schön und weiß, wie meine Schwestern. Als Strafe für eine böse Tat aber wurde ich so dunkel wie die Nacht. Doch habe ich nun lange genug gebüßt. Es ist mein sehnlichster Wunsch, wieder zu werden, wie meine Schwestern. Wenn du willst, kannst du mich erlösen, es soll dein Schaden nicht sein. Sprich, Fremdling, willst du mir helfen?«

Flehend legte sie eine Hand auf seine Schulter und blickte ihn aus ihren schönen, schwarzen Augen beschwörend an. Da konnte er ihr den Wunsch nicht abschlagen und er sagte:

»Liebes Fräulein, wenn es in meiner Macht steht, Euch zu helfen, so will ich es gerne tun.«

Da erleuchtete die Freude wie ein strahlender Sonnenschein das Gesicht des schwarzen Mädchens, und es sprach eifrig:

»So komme heute um Mitternacht wieder hierher. Dann will ich dir sagen, wie du mich erlösen kannst.«

Dann nahm sie seine Hand und geleitete ihn durch den Wald zu seiner Herde zurück. Dort verabschiedete sie sich und ließ sich noch einmal feierlich von ihm schwören, daß er auch gewiß kommen und sie nicht im Stich lassen würde. Anschließend kehrte sie in den Wald zurück.

Als es Nacht geworden war und die Stunde der Mitternacht nahte, machte sich der Hirte, wie versprochen, auf und begab sich zu dem Schloß. Am Tag hatte er keine Furcht verspürt, aber nun, als er vor dem riesigen, dunklen Gemäuer stand, das ihm in der Dunkelheit noch größer erschien, befiel ihn eine seltsame Beklemmung. Tapfer versuchte er, sich davon zu befreien und ging zu der Stelle, wo er das schwarze Mädchen getroffen hatte. Sie wartete schon auf ihn und begrüßte ihn freudig.

Er aber fragte mit allem Mut, den er aufzubringen imstande war:

»Liebes Fräulein, nun verratet mir, wie ich Euch helfen kann.«

»Du mußt in den Keller des Schlosses hinabsteigen. Dort wirst du auf einer Truhe, die bis oben hin mit Schätzen gefüllt ist, einen schwarzen Hund sitzen sehen. Er trägt in seinem Maul einen goldenen Schlüssel. Wenn es dir gelingt, ihm diesen zu entreißen, so bin ich erlöst. Als Dank will ich dir dafür den Schatz schenken, den er bewacht.«

Nachdem das Mädchen so gesprochen hatte, führte es ihn in die Burg hinein und stieg mit ihm eine lange, steile Treppe hinab. Sie gelangten in einen langen Gang. Dort blieb es stehen und schickte ihn alleine weiter.

Dem Hirten war ganz unheimlich zu Mute, als er in der Dunkelheit weiterschritt. Trotz seiner Angst aber nahm er sich fest vor, standhaft zu bleiben und die Aufgabe, die ihm das Fräulein gestellt hatte, zu erfüllen. Er machte sich selbst Mut, indem er sich einredete, daß er vor einem Hund ja keine Furcht zu haben brauchte, weil er doch ständig mit diesen Tieren zu tun habe und ihr Verhalten kenne.

Mit einem Mal stand er vor einer verschlossenen Türe.

»Jetzt gilt es«, dachte er, nahm seinen ganzen Mut zusammen und riß sie mit einem Ruck auf. Hätte er sich nicht noch am Griff festgehalten, so wäre er vor Schrecken über den Anblick, der sich ihm bot, zu Boden gestürzt.

Da stand mitten im Raum die Schatzkiste, ganz so, wie das Fräulein es gesagt hatte. Doch auf der Kiste saß ein solches Un-

geheuer von Hund, wie er sein Lebtag noch keines gesehen hatte. Wild fletschte es die Zähne und sträubte das struppige, kohlschwarze Fell, aus dem glühende Funken stoben. In seinem riesigen Maul hielt es den goldenen Schlüssel.

Der Hirt verharrte wie versteinert vor Furcht und wagte keine Bewegung, um die Bestie nicht noch mehr zu reizen. Dennoch knurrte der Hund drohend und es hörte sich an wie dumpfes Donnergrollen. Er streckte sich und machte Anstalten, sich auf den Eindringling zu stürzen.

Da hielt es der arme Bursche nicht länger aus. Er machte auf dem Absatz kehrt und hastete in wilder Angst den Gang entlang und auf den Ausgang zu. Dort wartete noch immer das schwarze Mädchen.

Als es den Hirten so kopflos, in panischem Schrecken vorbeistürzen sah, schrie es verzweifelt auf und rief:

»Oh, verliere nicht den Mut, mein Freund, der Hund kann dir nichts tun, so furchtbar er auch aussieht. Bitte, bitte, erlöse mich von meinem unseligen Geschick!«

Und sie versuchte, den Fliehenden am Arm zurückzuhalten. Er aber kümmerte sich nicht um ihr Flehen. Grob stieß er sie zur Seite und suchte eilends das Weite.

Da schlug das arme, enttäuschte Fräulein verzweifelt mit dem Kopf gegen die Mauer und schluchzte bitterlich. Lange stand es so. Dann hob es das tränenüberströmte, schwarze Gesicht und wandte es dem Tal zu.

»Oh ihr elenden, feigen Menschen dort unten«, rief es und seine Stimme zitterte vor Zorn. »Seid verflucht! Niemals mehr soll mir einer von euch vor die Augen kommen. Wasser soll vom Himmel und aus der Erde fluten und euch allesamt vernichten.«

Hierauf drehte es sich um und verfluchte auch das Schloß. Da ächzte und krachte das alte Gemäuer und versank mit allem, was sich darin befand, im Berg. Die ganze Gegend ringsum aber wurde in einen riesigen See verwandelt, der heute Ammersee heißt.

Die Einwohner von Dießen nennen den Hügel, auf dem einst

das Schloß stand, den »Schatzberg«. Viele Abenteurer haben schon versucht, die wertvolle Truhe zu finden. Es ist jedoch noch keinem gelungen und so wartet der Schatz noch heute auf seine Entdeckung.

Das Marienbild von Thaining

In der Nähe von Thaining steht auf einem kleinen Hügel eine Kapelle mit einem Bildnis Unserer Lieben Frau von Altötting.

Vor langer Zeit nun, kam es einem Mann in den Sinn, dieses Bild zu stehlen und für gutes Geld an einen Kunsthändler zu verkaufen. Er schlich sich heimlich in die Kapelle, holte es heraus und machte sich davon.

Wer aber beschreibt den Schrecken des Diebes, als er gewahrte, daß das geraubte Bild mit jedem Schritt, den er sich von dem Gotteshaus entfernte, schwerer wurde! Erst wog es soviel wie ein Holzklotz, dann soviel wie ein Sack Kartoffeln und dann soviel wie ein Mühlstein. Nach etwa einhundert Schritten hatte es bereits solch ein Gewicht, daß der Mann die Last nicht mehr tragen konnte und unter ihr zusammenbrach.

Da packte ihn eine seltsame Angst, und es wurde ihm ganz unheimlich zumute. Zitternd warf er sich auf die Knie und bat:

»Vergib mir meine Freveltat, o Herr Jesus Christus! Ich will umkehren und das Bild Deiner hochverehrten Mutter wieder dorthin bringen, wo ich es hergenommen habe. Vergib mir armem Sünder!«

Voll Reue machte er sich daran, das schwere Bild zurückzuschaffen. Er bot alle seine Kräfte auf, um es hochzuheben. Doch zu seinem größten Erstaunen war es so leicht wie vorhin in der Kirche, und er konnte es ohne Mühe an seinen angestammten Platz zurückbringen.

Dort befindet sich das wundertätige Bild noch heute und wird von den Einheimischen hoch in Ehren gehalten.

Der Gehängte, den niemand haben wollte

Mitte des 19. Jahrhunderts erhängte sich in Thaining ein Mann. Damals waren die Leute in dem Aberglauben befangen, daß ein Selbstmörder Unwetter und Hagelschlag an den Ort bringe, an dem er begraben sei. Aus diesem Denken heraus ist es verständlich, daß jedes Dorf tunlichst vermied, solch einen Unglücklichen in seinem Bereich zur letzten Ruhe zu betten.

Die Thaininger übergaben daher die Leiche der Gerichtsmedizin einer nahegelegenen Stadt und hofften, so um die Beerdigung herumzukommen. Die Ärzte nahmen den Toten zwar gerne an, weil sie an ihm ihre Studien betreiben konnten, brachten ihn aber — nach Abschluß derselben — wieder nach Thaining zurück. Er mußte, obwohl er derart zerstückelt war, daß es nötig gewesen wäre, ihn in einen Sack einzubinden, in dem Ort bestattet werden, in dem er sich das Leben genommen hatte. So verlangte es das Gericht.

Zähneknirschend fügten sich die Thaininger der Obrigkeit, aber sie dachten gar nicht daran, die Leiche zu behalten und dadurch die Gefahr des Hagelschlages auf ihren Ort herabzubeschwören. Heimlich gruben sie den Toten wieder aus und verscharrten ihn weit abseits von ihrem Ort an einem geheimen Platz.

Als dem Gericht in der Stadt der Vorfall zu Ohren kam, ließ es einige der mutmaßlichen Täter verhaften und hielt sie so lange in Gewahrsam, bis einer von ihnen, nach anfänglichem Leugnen, gestand, wo sie die Leiche hingebracht hatten.

Da wurde nun der Selbstmörder abermals ausgegraben und wieder im Friedhof von Thaining bestattet. Die Einwohner des Dorfes waren darüber sehr erbost und sannen nach, wie sie Abhilfe schaffen könnten. Inzwischen jedoch war die makabere Geschichte bereits in der ganzen Gegend bekannt geworden, und das Tagesgespräch in allen Wirtschaften drehte sich darum. Da beschlossen einige junge Burschen aus dem Umkreis, den geplagten Thainingern beizustehen und der uneinsichtigen Obrigkeit ein Schnippchen zu schlagen.

Bei Nacht und Nebel schlichen sie sich auf den Friedhof, um den armen Toten nochmals aus seinem Grab zu holen. Doch als sie es geöffnet hatten und den Sack herausziehen wollten, ertönte plötzlich ein dumpfes, geisterhaftes Grollen. Der Leichnam sperrte sich und wehrte sich nachdrücklich dagegen, schon wieder herumgezerrt zu werden. Er wollte endlich seine Ruhe haben. Von überall her kamen mit einem Mal schwarze, gespenstische Geißböcke und eigenartige Fabeltiere herbei, um ihm beizustehen.

Den Burschen standen die Haare zu Berge vor Schrecken, als sie dies sahen. Hals über Kopf stürzten sie davon. Nur einer von ihnen, ein Kerl, der sich vor nichts fürchtete und dem nichts heilig war, ließ sich nicht irremachen. Er riß den Sack mit Gewalt aus dem Grab und trug ihn fort.

Niemand erfuhr, wo er ihn hingebracht hatte. Wohl versuchten die Behörden in der Stadt alles, um dahinterzukommen, aber es gelang ihnen — zur Freude der Bauern — nicht. Die Einheimischen freilich glaubten zu wissen, wo der Unglückliche endlich seine letzte Ruhe gefunden hatte. Hinter vorgehaltener Hand munkelten sie, daß er wohl in den Lechstrudel gekommen sei, wie schon viele vor ihm und wahrscheinlich auch noch nach ihm.

Die Schimmelfräulein von Westernschondorf

Nahe bei Westernschondorf liegen die sogenannten »Schimmelschwaigen«. Sie gehörten mit dem ganzen Land ringsum vor sehr langer Zeit einmal drei schönen Schwestern. Jede von ihnen besaß einen Schimmel. Tag für Tag kleideten sie sich in herrliche Gewänder und ritten auf ihren Pferden den Besitz ab. Den Leuten, denen sie dabei begegneten oder die auf den Ländereien arbeiteten, zeigten sie sich sehr hochmütig. Eines Tages sagte eines der Fräulein zu einem alten Knecht, der im Schweiße seines Angesichtes ein Feld pflügte:

»Wenn das Zuschauen schon so schön ist, wie schön muß da erst das Pflügen sein!«

Und sie sprang von ihrem Pferd herab, nahm dem Knecht den Pflug aus der Hand und befahl ihm, die Ochsen anzutreiben. Sie stellte sich aber derart ungeschickt an, daß sie alles durcheinander brachte. Da warf sie zornig das Ackergerät hin, schwang sich auf ihr Pferd und ritt von dannen. Der arme Knecht hatte seine liebe Mühe, das Geschirr wieder in Ordnung zu bringen.

Nach ihrem Tode aber mußten die drei Damen, als Strafe für ihren Hochmut, umgehen. Wenn ein hohes Kirchenfest nahte, so geschah es häufig, daß jemandem im Dorf eines der »Schimmelfräulein« erschien. Es stellte sich gewöhnlich des Abends neben das Bett des Betreffenden und starrte ihn beschwörend an. Dann verschwand es wieder, ohne auch nur ein einziges Wort gesprochen zu haben. Manche fürchteten sich so sehr vor dem nächtlichen Spuk, daß sie es nicht wagten, ohne Licht zu schlafen. Die Schimmelfräulein haben jedoch nie einem Menschen etwas zuleide getan. Seit geraumer Zeit sind sie nun schon nicht mehr gesehen worden. Vielleicht hat sie jemand erlöst oder sie haben ihre Strafe schon abgebüßt und endlich Ruhe in ihren Gräbern gefunden.

Das Erdmännlein bei den Fräulein von Unterschondorf

In einem Wald bei Unterschondorf, gleich bei der römisch-romanischen Kapelle, soll vor Zeiten ein Nonnenkloster gewesen sein, das einen großen Weingarten sein eigen nannte (daher der Name Weingarten für dieses Waldstück). Durch unterirdische Gänge soll es mit den Klöstern von Andechs und Dießen verbunden gewesen sein.

In diesem Kloster wohnte 70 Jahre lang — so berichtet die Sage weiter — ein Erdmännlein. Es machte sich nützlich, wo es nur konnte, schwang das Rauchfaß in der Kirche, trug die Schleppe der Äbtissin Frau Hatulun und verrichtete dergleichen Arbeiten mehr. Solange sich das kleine Wesen im Kloster befand, war es, als ruhe ein besonderer Segen darauf. Einmal aber wurde dem Erdmännlein von einer jungen Novizin, die es nicht mochte, ein Leid zugefügt. Da verließ es das Kloster und verschwand für immer. Mit ihm wich auch der Segen, und Schlag auf Schlag brach schweres Unglück über das Kloster herein. Die Weinstöcke verdorrten, Frau Hatulun legte sich zum Sterben nieder, und an ihrem Todestag zündeten die Hunnen das Kloster an und machten es dem Erdboden gleich.

Angeblich stand diese Geschichte in einem alten Buch mit goldenen Beschlägen, das noch Mitte des 17. Jahrhunderts in der Kirche des Dießener Klosters angekettet gewesen sein soll.

Die Rettung des Grafen Berthold aus Seenot

Vor mehr als tausend Jahren, als der Ammersee noch bis Kottgeisering, das damals Geising hieß, reichte, unternahm Graf Berthold von Dießen-Andechs, ein Vorfahr des später so berühmten Grafen Rasso, an einem schönen Sommertag eine Kahnfahrt über den Ammersee. Er befand sich mitten im See, als das Wetter mit einem Mal umschlug. Ein schreckliches Gewitter zog auf, das mit Blitz, Sturm und Hagelschlag den ruhigen See plötzlich in eine entfesselte Naturgewalt verwandelte.

Die Fischer von Geising sahen die Not des edlen Herren, aber keiner wagte sich auf das wildwogende Gewässer. Da sprang ein junger Mann — sein Name war Wirint — in seinen Kahn und eilte dem Schiffsbrüchigen zu Hilfe. Unter Lebensgefahr gelang es ihm, den Grafen in sein Boot zu ziehen und ihn zurück zum Ufer zu bringen. Zum Dank für diese Heldentat ernannte Berthold den jungen Wirint zu seinem Fischermeister.

Das Gespenst im Loachholz

Ein Waldstück zwischen Perchting-Hadorf, Auing und Seefeld, wird noch heute »Loachholz« genannt. Dort trieb früher ein unheimliches Gespenst sein Unwesen. Es soll sich dabei um einen Geisterpudel gehandelt haben, der nächtliche Wanderer, die das Gebiet durchquerten, mit wild rollenden, glühenden Augen und mit furchterregenden Drohgebärden in Angst und Schrecken versetzte.

Die Kinder, die am Abend nicht ins Bett und lieber noch draußen spielen wollten, warnte man: »Wenn ihr nach dem Gebetläuten net herin seids, dann kimmt der Loachpudel und nimmt enk mit!«

Die Glocke von Drößling

Im Altertumskabinett von Andechs befindet sich ein Kessel aus Eisen, von dem vermutet wird, daß es sich dabei um ein heidnisches Opfergefäß handelt. Laut Sage wurde er in der zweiten Hälfte des 15. Jahrhunderts bei Drößling von einem Schwein aus dem Boden gescharrt. Die Stelle, wo er gefunden wurde, wurde von dem Sagenforscher Friedrich Panzer im vorigen Jahrhundert so beschrieben:

»Er bildet eine Anhöhe, die gegen dritthalbtausend Fuß von Dreßling entfernt ist, und heißt Einbett. Hundert Schritt davon liegt die Maierlake, ein gegen neuntausend Quadratfuß großer Sumpf. Mit der Glocke soll auch ein Götze zum Vorschein gekommen sein, der im Meßnerhaus zu Dreßling aufbewahrt wurde, aber bei dem Brande vom Jahre 1788 verlorenging.«

Bis zum Jahre 1850 wurde dieser Kessel, versehen mit einem Schwengel, von den Drößlingern als Wetterglocke benützt.

Nachwort

»Unsere Zeit verwischt so viel von dem, was unsere Vorfahren erfreut und bewegt hat. Und doch dürfen wir den Zusammenhang mit der Vergangenheit unserer Heimat nicht verlieren, wollen wir nicht auf der eigenen Heimaterde Fremdlinge sein.« Dieser prophetische Spruch aus der Sagensammlung der Frisinga von 1730 hat auch heute, mehr als 250 Jahre später, seine Gültigkeit.

»Die Beachtung ureigener Sitte und alten Herkommens, die Bewahrung heimatlicher Geschichte und Sage in örtlicher Beschränktheit ist kein unbedeutendes Monument wahrhafter Volksbildung ...« schreibt Dr. Alexander Schöppner (Sagenbuch der Bayerischen Lande, 1853).

Die Wichtigkeit dieses »Zusammenhanges mit der Vergangenheit unserer Heimat« wird der Bevölkerung immer mehr bewußt. Das zeigt sich auch in dem großen Interesse, das in jüngster Zeit Heimat- und Sagenbüchern entgegengebracht wird. Als Sagenforscher und -sammler kann man sich der Unterstützung durch die Einheimischen bei der Suche nach alten Überlieferungen sicher sein, wenn auch leider schon vieles verschüttet ist und nur noch sehr mühsam zu Tage gefördert werden kann.

Das Echo auf meine bisherigen Sagenbücher ist so erfreulich, daß ich mich in meiner Arbeit bestärkt sehe. Immer wieder bekomme ich Anrufe, oder die Leute schreiben und berichten mir Sagen oder Geschehnisse, die ihrer Meinung nach in die Sammlungen über die einzelnen Gebiete aufgenommen werden sollten. So konnte ich auch das Buch über das Fünfseenland um einige Sagen ergänzen. Leider mußte ich etliche der mir erzählten Geschichten weglassen, weil sie nur anders überlieferte Fassungen einer schon erzählten Sage darstellten. Es möge mir dies niemand übelnehmen.

Allen, die mir bei meinen Nachforschungen behilflich waren, möchte ich meinen herzlichen Dank aussprechen.

München, im Frühling 1985

Gisela Schinzel-Penth

Quellennachweis

Altbayerische Sagen. Verlag der Jugendblätter, München

Volkssagen aus dem Ammerseegebiet: Heimatquellen für Forschung und Unterricht

Gesammelt und herausgegeben von Dr. Bruno Schweizer. Heimatverlag Dr. Bruno Schweizer 1950

Brunner, Barbara: Die Abenteuer Herzog Christophs. Georg Lange Verlag, München

Empfenzeder, Gustl: Geschichte der Ammerseeheimat. Selbstverlag 1978

Heimatkunde für den Landkreis Starnberg. Verfaßt und zusammengestellt von der Lehrerschaft des Landkreises Starnberg

Herrschinger Hefte — zur Pflege der Dorfgemeinschaft. Herausgegeben von Gustl Empfenzeder, Kulturreferent der Gemeinde Herrsching

Kapfhammer, Günther: Bayerische Sagen. Eugen Diederichs Verlag, Düsseldorf 1971

Ott, Georg: Marianum. Druck u. Verlag Friedrich Pustet, Regensburg 1859

Panzer, Friedrich: Bayerische Sagen und Bräuche. Teil 1 und 2. Verlag Otto Schwarz & Co., Göttingen 1956

Raff, Helene: So lang der alte Peter. Süddeutscher Verlag, München

Reuther, Otto: Der Goggolore. Beck'sche Verlagsbuchhandlung »Oscar Beck«, München 1935

Sepp: Altbayerischer Sagenschatz. München 1876

Schöppner, A.: Sagenbuch der bayerischen Lande. Bd. 1-3. München 1874

Wünnenberg, Rolf: Fünfseenland. Hornung Verlag Viktor Lang, München

Völk, Wolfgang: Kreisheimatpfleger, private Aufzeichnungen

Mündliche Überlieferung durch:
Herrn Ganser sen., Percha, M. Aquinata OSD, Dießen; Wolfgang Völk, Heimatpfleger, Wildenroth